ARKAI
VEDA

Arkadaşıma Veda

Yazan: Ömer Zülfü Livaneli

© 2016 Doğan ve Egmont Yayıncılık ve Yapımcılık Tic. A.Ş.
Tüm hakları saklıdır.
Adres: 19 Mayıs Cad. Golden Plaza No: 1 Kat:10 Şişli 34360 İSTANBUL
Tel: (0212) 373 77 00
www.de.com.tr

Veda filminden uyarlanmıştır.

Her 2.000 adet, bir baskı olarak kabul edilmektedir.

136. Baskı: İstanbul, 2019
ISBN: 978-605-09-3746-6
Sertifika no: 11940

Kapak resmi ve iç resimler: Ergün Gündüz
Uyarlayan: Senem Kale
Kapak uygulama: Serkan Yolcu
Grafik uygulama: Havva Alp

Basım yeri: Yıkılmazlar Basın Yayın Prom. ve Kağıt San. Tic. Ltd. Şti.
Adres: Evren Mah. Gülbahar Cad. No: 62/C Güneşli-Bağcılar /İSTANBUL
Tel: (0212) 515 49 47
Sertifika no: 45464

Toplu sipariş için tel: (0212) 373 77 44 **E-posta:** satis@de.com.tr

Zülfü Livaneli

ARKADAŞIMA VEDA

Resimleyen: Ergün Gündüz

Doğan Egmont
okumak gelecektir.
www.de.com.tr

Bu, arkadaşımın hikâyesi...
Bu, ona hayatı boyunca sonsuz bir
hayranlık duyan yardımcısı
ben Salih Bozok'un kaleminden
çağının dâhi lideri Atatürk'ün hikâyesi...
Bu, onu altı yaşındayken
tanıdığım ilk günden,
öldüğü o acı güne kadar süren
eşsiz dostluğumuzun hikâyesi...

Mustafa'yı ilk kez Molla Fatma Kadın
Mektebi'nde tanıdım. Keskin bakışlarıyla
sürekli etrafını süzen, sapsarı saçlı bir çocuktu.
Hemen kanım kaynamıştı ona. Okulun ilk günü,
birbirimize bakıp sessizce gülüşmüş,
tanışıp hemen aynı sıraya oturmuştuk.
O gün, bir ömür boyu sürecek arkadaşlığımız
başlamıştı; ne acı, ne mutlu günler
görecektik birlikte.

10 KASIM 1938,
DOLMABAHÇE SARAYI, İSTANBUL

O sabah, son anlarını yaşayan Atatürk'ün odasının yanındaki bölüme geçmiş, hayatıma son vermeye hazırlanıyordum.

Paşamın öleceğine inanamıyor ve hayatını ona adamış biri olarak, kendimde artık yaşama isteği bulamıyordum.

Kararlıydım ama perişandım. Aldığım kararı, canım oğlum Muzaffer'e söylemek ve onunla vedalaşmak zorundaydım.

Bu karmaşık düşüncelere dalıp gitmişken, birden kapım çalındı.

Saraydaki görevliler oğlumu getirdiklerini söylediler. Kendime çekidüzen verip kapıyı açtım.

Herhalde yüzüm öyle allak bullaktı ki, içeriye giren Muzaffer'in gözleri beni görünce kocaman açıldı.

9

Bütün dünya gibi oğlum da, Atatürk'ün hasta olduğunu biliyordu ama belli ki, sabah sabah okulundan alınıp neden saraya getirildiğini anlamamıştı.

Görevliler çıktıktan sonra, Muzaffer'e dönüp "Gel Muzafferim, otur şöyle," dedim.

Muzaffer çalışma masamın önündeki sandalyeye oturmuş, şaşkın şaşkın yüzüme bakmaya devam ediyordu.

"Seni böyle apar topar getirdim çünkü çok önemli bir şey söyleyeceğim," dediysem de bir türlü cesaret edip asıl konuya giremedim.

"Eee, okul nasıl, iyi gidiyor mu?"

"İyi gidiyor baba."

"Aferin."

Lafı daha fazla uzatmadan kararımı söylemeliydim.

"Oğlum, sana bir sır vereceğim. Tabii aramızda kalmak kaydıyla. Kimseye söylemek yok, söz mü?"

"Söz."

"Atatürk ne yazık ki komada. Ve şunu bilmeni istiyorum..."

Yutkundum, az sonra oğlumun omuzlarına taşıyabileceğinden daha büyük bir yük yükleyecektim.

"Eğer ona bir şey olursa, ben de hayatıma son vereceğim. Çok düşündüm oğlum. O öldükten sonra benim için bir hayat..."

Sözlerime devam edemedim. Muzaffer donup kalmıştı. Hiçbir şey söylemiyor, belki de söylediklerimi anlayamıyordu.

Birden gözyaşlarına boğulunca, dayanamayıp ona sıkıca sarıldım. Ben de artık gözyaşlarımı tutamıyordum; hızla çözülüyor, soğukkanlılığımı kaybediyordum.

Aceleyle konuşmaya devam ettim.

"Muzafferim, ailemize iyi bak. Oku ve memleketimize faydalı bir adam ol," der demez, bir şey söylemesine fırsat vermeden tekrar sıkıca sarılıp kulağına "Elveda," diye fısıldadım.

Konuşmayı daha fazla uzatırsam verdiğim karardan vazgeçerim diye korkup hemen Muzaffer'i odadan çıkardım, birlikte aşağıya indik.

Dolmabahçe Sarayı'nın kapısında büyük siyah bir araba Muzaffer'i okuluna geri götürmek için bekliyordu. Onu aceleyle arabaya bindirip uğurladım.

Arkasından el sallarken, öyle büyük bir acı çöreklenmişti ki yüreğime, şimdi bile kelimelere dökmek imkânsız geliyor.

Muzaffer'i yolculadıktan sonra kafamda bir sürü düşünceyle cam korkulukları ışıl ışıl parlayan merdivenlerden ağır ağır çıktım. Paşamın odasına girdim. Ne zaman bu odaya girsem irkiliyordum. Onun böyle acılar içinde yatmasını aklım almıyordu.

Ceviz ağacından oymalı hasta yatağında, gözleri kapalı, kıpırtısız yatıyordu. Yatağın yanına oturup uzun uzun yüzünü seyrettim. Hastalık onu çok zayıflatmıştı. Hafif çatılmış kaşları, uykusunda bile ağrı çektiğini gösteriyordu. Yavaşça eğilip kulağına fısıldadım.

"Paşam, bugüne kadar imkânsız denilen her şeyi başardın. İradenle her şeyi yendin. Şimdi bu hastalığı da yenersin. Hadi be paşam, ha gayret!"

Boğazımdaki yumru büyümüştü, yutkunup sustum. Yatağın yanında duran komodinin üstündeki ilaçların arasından gül sirkesiyle ıslatılmış bir bezi alıp paşamın alnındaki teri sildim. Sonra yavaşça elini tuttum.

"Beni duyduğuna eminim paşam. Sana bir şey olursa, ben de arkandan gelirim. Hadi kalk, en azından benim canımı kurtarmak için kalk! Paşa yaversiz bir yere gidemez!"

Arkamdaki kapı açıldı, birer ikişer doktorlar içeri girince, hızla ayağa kalkıp geri çekildim. Onla-

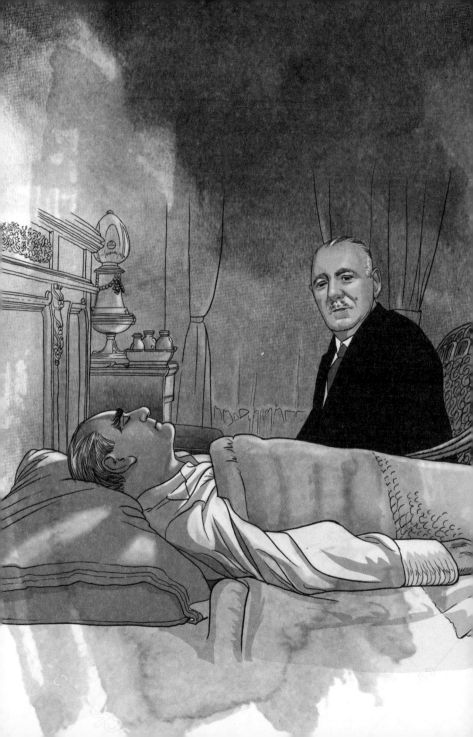

rın paşamın ateşini ölçmelerini, nabzına bakmalarını izledim.

Doktorlar da artık çaresizdiler. Çevresinde koca koca adamlar, ağlamaktan, çırpınmaktan başka bir şey yapamıyorduk.

Paşamı böyle çaresizce yatarken görmeye daha fazla dayanamadım, kendimden geçmiş halde odama döndüm.

Atamın ölümü artık çok yakındı.

Zaman, bir veda mektubu yazma zamanıydı.

Ağır ağır yürüyerek, hatta üzüntüden sendeleyerek masamın başına geçtim. Aile fotoğrafımız, masamın üzerindeki bir çerçevede duruyordu. Eşim, kızlarım ve oğlum bana gülen gözlerle bakıyorlardı.

İleride beni anlayacaklarını umarak sıkıntıyla kalemimi elime aldım ve oğlum Muzaffer'e; Atatürk ölürse, neden hayatıma son vermek istediğimi anlatan bir mektup yazmaya koyuldum.

"Evladım Muzaffer," diye başladım mektubuma. "Sen buradan ayrıldıktan sonra içine düştüğüm üzüntü ve vicdan azabını anlatmaya kelimeler yetmiyor. Herhalde dünya üzerinde hiçbir babanın hiçbir oğula yapmadığı bir şekilde seni derinden yaralıyorum. Bu hareketime de bir anlam veremediğini hissediyorum.

Ölenle ölünmez diyorsundur, ölen Atatürk bile olsa; bir insan ailesine bu kötülüğü yapamaz diye düşünüyorsundur.

Bu sebeple sana, ölümümden sonra verilecek olan bu mektubu yazmaya ve durumu açıklamaya karar verdim. Paşamla yürüdüğüm bu uzun yolculukta, yaşadıklarımı, gördüklerimi ve duyduklarımı sana iletebilirsem, kararımın sebeplerini biraz da olsa anlayacağını umuyorum oğlum.

Bizim hikâyemiz Selanik'te başladı, Muzafferim. İkimiz de altı yaşındaydık..."

İşte bu kitap, oğluma yazdığım mektubumdur, yüreği daima vatan sevgisiyle dolu iki arkadaşın hayallerini gerçekleştirme hikâyesidir.

Güzelliği ve zekâsıyla herkesin sevgisini kazanan
Zübeyde Hanım çok genç yaşta, saygın bir
gümrük memuru olan Ali Rıza Bey'le
evlenmişti. Mutlu, sakin bir yaşamları vardı.
Fakat o dönemde yaygın olan kuşpalazı
yüzünden üç çocukları da küçük yaşlarda ölünce,
mutluluklarına kapkara bir gölge çöktü.
Bir süre sonra Fatma, Ömer ve Ahmet'in acısı,
Mustafa'nın doğumuyla yerini umutlu bir
telaşa bıraktı. Babası, yıllar önce kaybettiği
kardeşinin hatırasını sürdürsün diye ona
"seçilmiş kişi" anlamına gelen Mustafa adını
koymuş ve beşiğinin başına kocaman
bir kılıç asmıştı.

1887, SELANİK

O gün, Mustafa'nın babası Ali Rıza Bey çok sevdiği karısına ilk kez sesini yükseltti.

"Zübeyde, Zübeyde! Mahalle mektebine göndermeyelim Mustafa'yı. Verelim çağdaş bir okula, zihni açılsın, ilim fen öğrensin."

Okuma yazma bildiğinden mahallede "molla" diye de anılan ve benim de tanıdığım zaman annem kadar seveceğim Zübeyde Anne kararlıydı. Sertçe cevap verdi.

"Anlamam ben çağdaş okul falan. Benim Mustafam herkes gibi dualarla mahallemizdeki okula gitmeli. Kuran öğrenip, hoca olmalı."

"Yapma be gülzar-ı cennetim. Memlekette yeterince hoca var. Bak Osmanlı toprakları tehlikede. Bırak, Mustafam büyüyüp subay olsun."

Bu sözler üzerine Zübeyde Anne çaresizce ağlamaya başladı. Güzel gözlerinde yaşlarla söylendi.

"Ah, Mustafa'nın beşiğine kılıç astığında anlamıştım ben. Benim oğlum asker olup da savaş meydanında can vermeyecek. Başkalarının çocukları subay olsun. Ali Rıza Efendi, yalvarıyorum sana! Zaten üç evladımı kaybettim. Bu gözümün nurunu da kara topraklara verdirme bana. Dayanamam artık."

Ali Rıza Bey karısının gözyaşlarına daha fazla dayanamadı. Eğilip onun upuzun kumral saçlarını okşadı.

"Üzülme Zübeydem, üzülme. Peki, dediğin gibi olsun."

Bu konuşmaları kapının ardından gizlice dinleyen Mustafa babasının son sözünü duyunca hayalkırıklığına uğradı.

Mustafa'nın babası Ali Rıza Bey ince yapılı, çok zarif, yakışıklı bir adamdı, biraz hüzünlü bir yüzü olduğunu hatırlarım. Gümrük memurluğundan sonra giriştiği kerestecilik ticaretinde başarısız olmuştu. Eşkıyalar paraları zamanında gelmeyince, Ali Rıza Bey'in bütün kerestelerini yakmışlardı. Tüm birikimini kaybeden Ali Rıza Bey, köşede kalmış biraz parasıyla, tuz alım-satım işine girmiş, onda da çok başarılı olamamıştı.

İşte bu sıkıntılar, Mustafa'nın babasını verem etmişti. Doğru düzgün işe gidemediğinden, Mustafa'yı her gün okula Ali Rıza Bey bırakırdı. Mahallemizde çocuğu ile bu kadar ilgili bir baba daha yoktu. O yüzden biraz kıskanırdık Mustafa'yı. Ama bu kıskançlığımız çok yakında yok olacak, yerini Mustafa'yı koruyup kollamaya, onun acılarını hafifletmek için uğraştığımız bir dostluğa bırakacaktı.

Bir iki yıl sonra Ali Rıza Bey veremden ölecek, Zübeyde Anne'yi genç yaşında, üç çocuğuyla dul bırakacaktı.

Mustafa babasından hep özlemle ve büyük bir hayranlıkla bahsederdi. Babasının onu gezmeye götürdüğü o ramazan gününü hep anardı.

Dönemin Selanik şehrinde Müslüman, Yahudi, Hıristiyan, bütün Osmanlı vatandaşları huzur içinde yaşardı. Biz çocuklar her kültürden bir şeyler öğrenerek büyürdük.

İşlek bir liman kenti olan Selanik her zamanki gibi, o ramazan akşamı da rengârenk ve kalabalık sokaklarıyla ışıl ışıldı.

Ali Rıza Bey, Mustafa'yı Selanik'in anacaddesine götürdü. Etrafta Karagöz Hacivat oynatanlar, şerbet dağıtanlar, kahvehanelerde sohbete dalanlar, alev yutan hokkabazlar, ne ararsan vardı. Küçük Mustafa çok mutluydu, tüm gece babasıyla gezip durmuşlardı. Sanki babası bir masal kahramanıydı da, onu maceradan maceraya sürüklüyordu.

O geceyi anlatırken, babasının elini bir an olsun bırakmadığını söylerdi hep Mustafa. Çok yakında gideceğini hissetmiş gibi...

Bir iki gün sonra yine baba oğul gezmeye çıktılar. Ali Rıza Bey Kristal Gazinosu'nun önündeki şerbetçinin önünde durdu. İki tas şerbet söyledi. İkisi de, alçak bir duvarın üstüne oturup şerbetlerini yudumladılar yavaş yavaş.

"Çok güzelmiş baba, buz gibi," dedi Mustafa.

"Birden içme oğlum. Yudum yudum iç. Sonra hastalanırsın. Bakayım, terli değilsin değil mi?"

Üç yavrusunu da kaybetmenin verdiği kaygıyla hem ana hem baba, Mustafa ve Makbule'nin üzerine titrerlerdi.

Ali Rıza Bey bir hamlede elini Mustafa'nın ensesinden içeri soktu ve sırtının terli olup olmadığını kontrol etti.

"Yok bir şeyim baba."

"Yok ya, aslan Mustafam."

Babası oğluna sıkıca sarıldı, sonra tatlı tatlı şerbetlerini içmeye devam ettiler. O sırada mahalledeki okuldan çıkmış iki öğrenci önlerinden geçti. Üstlerinde beyaz entariler, boyunlarında bezden yapılma, içinde Arapça alfabe elifbayı taşıyan çantaları vardı. Başlarına birer sarık sarılmıştı.

"Aslan oğlum benim, yakında sen de böyle öğrenci olacaksın işte!"

Mustafa yüzünü buruşturdu. Ali Rıza Bey bunu fark etti, muzipçe gülümseyerek "Ne oldu? Hoşuna gitmedi mi?" diye sordu.

"Öteki öğrenciler böyle entari giyip sarık takmıyor baba. Onların gittiği okula gidemez miyim?"

"Gidersin gitmesine ama annen senin Molla Fatma Kadın Mektebi'ne gitmende ısrar ediyor."

"Ama baba..."

Babası Mustafa'nın yumuşacık altın sarısı saçlarını okşadı, ne diyeceğini bilemedi.

"Annen seni, mahallemizden dualarla, ilahilerle okula uğurlamak istiyor. Onun istediğini yapalım, olur mu?"

Mustafa sıkkın bir şekilde başını öne eğince babası şefkatle oğlunun başını kaldırıp gönlünü almaya çalıştı.

"O kadar üzülme bakalım delikanlı. Hele seni

annenin istediği okula bir yazdıralım da, sonrasına bakarız."

Baba ve oğul birbirlerine "anlaştık" der gibi gülümseyip, şerbetlerinden küçük bir yudum daha aldılar.

Islahhane caddesindeki üç katlı pembe boyalı evde o sabah büyük bir telaş yaşanıyordu. O gün okulun ilk günüydü. Mustafa büyük bir iç sıkıntısıyla uyansa da, annesi tam tersine çok sevinçliydi. Evde bir oraya bir buraya koşturup duruyordu. Mustafa'nın kardeşi Makbule daha minicikti ama evde bir değişiklik olduğunu anlamış, dikkatle etrafına bakıp el çırpıyordu.

Zübeyde Hanım Mustafa'ya bir güzel kahvaltısını ettirdikten sonra ona özene bezene beyaz bir entari giydirdi. Başına dikkatle bir sarık sardı, cüz kesesini boynuna astı. Eline de yaldızlı bir dal verdi. Ali Rıza Bey'se karısının bu hevesini gülümseyerek izliyordu.

"Nasıl da yakıştı her şey oğluma. Benim evladım Allah'ın izniyle hafız olacak, bilgili bir hoca olacak."

Tam o sırada öğrencilerin sokakta söylediği ilahinin sesi duyuldu.

O öğrencilerin içinde ben de vardım. Önde hoca, arkada biz öğrenciler, Mustafaların evinin önüne gelmiştik. O günlerde mahalle okullarında hocanın başı çektiği öğrenci grubu ikişer sıra olur, yeni öğrencilerin kapısına teker teker uğrar, onları dualarla evden alıp, camiye, derslerin yapılacağı bölüme, ilahiler eşliğinde giderdi. Sonra hoca rahlesinin arkasına geçip oturur, elifbayı öğretirdi.

Zübeyde Hanım da, o gün dualarla ve büyük bir gururla Mustafasını hocasına teslim etti. Ve işte o gün, benim de hayatım sonsuza kadar değişti.

Birkaç gün sonra, benim Mustafa'ya sonsuza kadar bağlanmama, onun da okuldan ayrılmasına neden olacak bir olay gerçekleşti.

Sınıfta ders başlamak üzereydi. Hepimiz koşuşturup duruyor, sürekli şakalaşıyorduk. Mustafa'yı yakalayayım derken hocanın rahlesini devirdim. Tam bu sırada hocamız Çopur Hafız Emin Efendi'nin ayak sesleri ve öksürüğü duyulunca, hepimiz yerlerimize kaçıştık.

Hoca gelip rahlesinin devrildiğini görünce çok sinirlendi, "Kim yaptı bunu?" diye hiddetle sordu. Hışımla aramızdan geçip rahleyi kaldırdı, Kuran-ı

Kerim'i öpüp alnına koydu ve kızgın gözlerini hepimizin üzerinde tek tek gezdirerek sordu.

"Kim yaptı bunu?"

Hocadan o kadar korkuyordum ki, ağzımı açıp tek kelime edemiyordum. Hoca eline o upuzun sopasını alıp rastgele sınıftaki çocukların burnunun ucuna tutup, "Sen mi yaptın? Yoksa sen mi?" diye sormaya başlayınca, ne yapacağımı iyice şaşırdım.

Mustafa bir iki kez yan gözle bana baktı, "Hadi çıkmıyor musun ortaya," diyordu sanki.

Hepimiz korkudan tirtir titremeye başlamıştık ki, Mustafa birden ayağa fırladı. Hoca gözlerini ona dikti.

"Sen mi yaptın?"

"Evet!"

"Nasıl oldu bu iş?"

"Çarptım hocaefendi, kazayla oldu."

"İtişip kakışıyor muydun biriyle?"

Mustafa sustu. Bu arada ben renkten renge giriyordum.

"Kim vardı yanında?"

Mustafa bir şey söylemedi. Hoca sınıfa döndü.

"Ben kırk yıllık hocayım. Rahle öyle durup dururken düşmez. Belli ki bu çocuk birisiyle kavga ediyormuş. Kim vardıysa, söylesin."

Mustafa belli belirsiz bana baktı.

"Senin adın ne?"

"Mustafa!"

"Benden günah gitti. Çık bakalım dışarıya Mustafa."

Mustafa hepimizin acıyan bakışları altında hocamızın ardından dimdik yürüyerek dışarı çıktı. Biraz sonra ürkütücü bir falaka sesi duyduk ama Mustafa'dan tek bir ses bile çıkmıyordu. Sopanın her darbesinde hepimiz irkiliyorduk. En en sonunda dayanamayıp ellerimle kulaklarımı kapadım.

Falakadan sonra ben ve bir arkadaşım, Mustafa'nın kollarına girip onu eve götürdük.

Bizi görünce Zübeyde Anne'nin ödü koptu. Mustafa'yı kucakladığı gibi hemen yatağa yatırdı. Biz okula döndükten sonra Mustafa'nın anlattığına göre, Zübeyde Annem Mustafa'nın alnına gül sirkesine batırılmış bir bez koymuş.

"Şimdi senin ayaklarına lapa yapayım, bir şeyciğin kalmaz. Biraz uyu bakalım. Ne yaptın da hoca bu kadar dövdü seni?" diye sormuş.

Mustafa cevap vermeyince de, "Sen şimdi biraz uyu. Ne zalim adammış bu böyle, el kadar çocuğun canını çıkarmış," diye üzülerek söylenmiş.

Ali Rıza Bey o akşam, yemeğin ardından karısına seslendi.

"Zübeyde, işte istediğin oldu. Mustafa'yı dualarla, ilahilerle okula gönderdin. Kusura bakma ama şimdi de benim dediğim olacak."

"Neymiş o?"

"Mustafa'yı Şemsi Efendi Mektebi'ne yazdıracağız. Orada çağdaş bir eğitim görecek."

"O okulda Kuran-ı Kerim öğretiyorlar mı?"

"Elbette dini öğretiyorlar ama ilim, irfan sahibi de yapıyorlar öğrencileri."

"İlim milim bilmem ben ama Mustafam, padişahımız efendimizin sadık bir kulu olsun isterim. Ulu bir hoca olsun, dinini bilsin isterim."

Ali Rıza Bey kararını vermişti, sadece gülümsemekle yetindi. O kararlı gülüş yıllar içinde Mustafa'nın yüzünde de pek çok kez ışıldayacaktı.

Mustafa'nın falaka cezası aldığı günün gecesinde hiç uyumadığımı hatırlıyorum. Mustafa beni korumak için falaka dayağı yemişti, ayakları yara içindeydi, çok acı çekiyordu. Mustafa'ya kendimi affettirmek istiyordum. Ama nasıl? Sabah aklıma bir fikir geldi. Hazırlanıp, evlerine gittim.

Çok utanıyordum, bana kızacağını hatta benimle bir daha konuşmayacağını düşünüp çekine çekine odasına girdim. Mustafa'nın göz kapakları hâlâ çektiği acıdan yarı kapalıydı. Beni görünce gözlerini zorla açtı ve yorgun argın gülümsedi.

"Çok acıyor mu?" diye sordum. "Eh, biraz!" diye cevapladı zor duyulur bir sesle.

İkimiz aynı anda, şişmiş ayaklarına baktık.

"Yok yok, çok acıyordur da sen söylemiyorsun."

"Dün çok korktun, değil mi?"

"Evet. Sen korkmadın ama..."

"Korktum da belli etmedim," dedi gülerek Mustafa.

Gülüşünden cesaret alarak elimdeki sepeti uzattım. "Al, sana bahçeden alıç topladım. En tatlılarını seçtim."

O sırada Zübeyde Anne iki elinde, tülbent parçalarına koyduğu lapa bohçalarıyla içeri girdi. Ben de veda edip koşarak odadan çıktım.

Şimdi düşünürüm de, ta o yıllarda, çocuk kalbimle karar vermişim galiba, Mustafa'nın acılarına elimden geldiğince ilaç olmaya.

Dostluğumuz, aramıza Nuri ve Fuat'ın katılmasıyla iyice şenlenmişti. Dördümüz aynı mahallenin çocuklarıydık. Sabah akşam birlikte oynardık. Aynı okullara gidecek, aynı dertlere düşecek, aynı cephelerde savaşacak ve aynı idealle vatanı kurtarmaya çalışacaktık.

1889, SELANİK

Aylar ayları kovalıyor, günlerimiz neşe içinde geçiyordu. Mahallenin bütün çocukları yorgunluktan bayılana kadar oyun oynuyorduk. Ara ara anneler pencerelerden çıkıp bizi eve çağırırlardı ama dinleyen kim! Mustafaların evinin önü küçük bir meydan gibi olduğundan genelde orada buluşurduk. Acıktığımızda evlere koşarak dağılır, bir parça ekmek bir yudum su, haydi yallah gene dışarı. Tek derdimiz biraz daha fazla oyun oynayabilmekti.

Ta ki o güne kadar...

Mustafaların evinin önündeki bir ağaç kütüğünün üstüne oturmuştuk. Zübeyde Anne, Mustafa'nın kız kardeşi Makbule'yi de yanımıza katmıştı. Çünkü evde durmasını istemiyordu. Evlerinde bir taraftan yeni doğan kardeşleri Naciye'yle ilgileniyor bir taraftan da verem hastalığı iyice ilerleyen Ali Rıza Bey'i rahatlatmak için çırpınıyordu. Makbule biraz sıkkın, bezden yapılma bebeğiyle yanımızda sessiz sessiz oynuyordu. Mustafa, belki de kardeşini eğlendirmek için, üzerine çiviler çaktığı bir tahta parçasını gülerek bana uzattı.

"Şunu sıkıca tut!"

"Ne olacak bu?"

"Saz yapacağım."

Gülmeye başladım.

"Bu tahta parçasından saz olur mu ya?"

"Sen tutmaya bak."

Ardından, tuttuğum tahtadaki çivilere, nereden bulmuşsa teller gerdi ve eline alıp tıngırdatmaya başladı. Ahenkli bir ses çıkmıyordu ama kıkırdamaya ve bağıra çağıra şarkı söylemeye başladık.

Maaanastırıın, ooortasında

Vaaar bir havuz

Caaanım havuz

Makbule de neşelenmiş, şarkıya katılıp ellerini çırpmaya başlamıştı. O an, dayıları Hüseyin Ağa'nın telaşlı ve gür sesi duyuldu.

"Çocuklar, çabuk gelin eve!"

Mustafa ile Makbule türkü söylemeyi bırakıp hemen eve koştular.

Mustafa çekine çekine babasının yattığı odaya girdi. Pencereler kapalıydı, içerisi karanlıktı. Annesi, babasının başucunda Kuran okuyordu. Babası Mustafasını yanına çağırdı.

"Mustafam, sen benim hayatta kalan tek oğlumsun. Ölen kardeşimin adını verdim sana. Sen çok yaşa. Aslanım, ben bu dünyadan ayrılıyorum."

Mustafa'nın gözlerinde iri iri yaşlar belirdi. Babasının önünde ağlamak istemiyordu. Ali Rıza Bey duvarda asılı kılıcı işaret etti.

"Şu kılıcı al bakayım."

Mustafa yatağın üzerine çıkıp duvara uzandı, kılıcı indirip babasına verdi. Bu sırada küçük Makbule de kapıdan onları izliyordu.

"Bu kılıç artık senindir, büyüyüp şerefli bir asker olduğunda beline takarsın. Aslan oğlum, annen ve kız kardeşlerin sana emanet."

Ertesi gün Ali Rıza Bey, ailesinin ve yakınlarının gözyaşlarıyla toprağa verildi. Mustafa, babası mezara indirildikten sonra üzerine birkaç kürek toprak attı. Yağmur yağıyordu. Mustafa yüzünü gökyüzüne çevirip kim bilir neler düşünerek, bir süre gözlerini kapattı. Belki de babasına, büyüyünce iyi bir asker olacağının sözünü veriyordu.

Akşam olunca Selanik'e hüzün çöktü. Zübeyde Hanım Mustafasının başını kucağına almış okşarken, dışarıdan da hüzünlü bir şarkı duyuluyordu. Ana oğul karşılarındaki duvarda asılı olan Ali Rıza Bey'in fotoğrafına ve yanındaki kılıca bakıyorlardı. Zübeyde Hanım ağlamaktan titreyen sesiyle oğluna bir masal anlatmaya başladı.

"Bir varmış bir yokmuş. Güzel bir annenin yakışıklı bir oğlu varmış. Annesi o gün oğlunu çarşıdaki kadınlar hamamına götürmüş. Burada bir güzel yıkamış, sonra bohçasını toplamış ve eve dönmek için yola koyulmuş. Ama oğlanı kaçırmak isteyen düşmanlar onları fark etmiş, atlarıyla peşlerine düşmüşler. Annesi bakmış ki atlılar yaklaşıyor, hemen bohçasındaki tarağı alıp yere atmış. Her yer bir ulu dikenlik olmuş. Atlılar geçememişler. Ama sonra bir de bakmış ki atlılar öte yandan dolanıp yine peşlerine düşüyor. Bu sefer bohçasından sabun çıkarıp yola fırlatmış. Ortalık büyük bir bataklık olmuş. Ama atlılar bunun da bir çaresini bulmuş. Annesi son çare, hamam tasını çıkarıp atmış, ortalık engin bir deniz olmuş..."

Masalın tam burasında Zübeyde Anne, Mustafa'nın uyuduğunu fark etti. Saçlarını, yüzünü öptü. Onu yavaşça kucağından indirip yatırdı.

Zübeyda Anne kara kara düşünüyordu.
Kocasından kalan azıcık aylıkla üç çocuğunu
nasıl doyurup okutacağını bilemiyordu.
Biz arkadaşları Mustafa'nın üzüntüsünü
dağıtmaya çalışıyorduk, annelerimizse
Zübeyde Anne'ye yardım etmeye çalışıyorlardı
ama nafile...

1890, LANGAZA

Selanik'e otuz kilometre uzaktaki Langaza'daki bir çiftlikte yaşayan Mustafa'nın dayısı Hüseyin Ağa, Zübeyde Anne ve çocuklarını beraberinde çiftliğine götürdü. Giderlerken Mustafa'yı bir daha görmeyeceğim için çok üzüldüğümü hatırlarım.

Ama öyle olmadı...

Yaz geldiğinde Mustafa'yı görmeye gittim. Mustafa'nın çelimsizliği gitmiş, boy atmış, güçlenmişti. Çiftlik hayatı, aslında çok sakin ve ağırbaşlı olan Mustafa'yı yaramaz, yerinde duramayan bir çocuk yapmıştı.

Dayısı yeğenlerini çok seviyordu, Makbule'ye "Makbuş", Naciye'ye "Bülbül", Mustafa'ya da Zübeyde Anne gibi "paşam" diyor ve onları iyi yetiştirmek istiyordu. Mustafa'ya, ağaç dikmekten hayvanlara bakmaya, silah atmaktan tamir işleri yapmaya birçok iş öğretmişti.

Önceleri uzak dursa da bir süre sonra Mustafa çiftliğe alışmıştı; kümesleri onarıyor, silahları temizliyordu. Hatta kendisine küçük bir baraka bile yapmıştı. Yine de Mustafa okumayı öyle seviyordu ki, burasının ona yetmediğini bütün aile görüyordu.

Mustafa'yla bir gün çiftlikteki en güzel iki ata binmiş, dörtnala gidiyorduk. Bir ara Mustafa'nın atı ürktü, şaha kalktı ve onu sırtından attı.

Mustafa'nın başını taşa çarptığını görür görmez korkuyla atımı durdurup indim, yanına koştum. Mustafa kıpırdamıyordu. Hemen nefesini dinledim.

"Ölme be Mustafa! Ne olur ölme! Uyan hadi!" derken onu sarsıyordum.

"Hadi ama Mustafa, aç gözlerini. Sen benim tek arkadaşımsın. Bunu bana yapma!"

Tam ümitsizliğe kapılıp ağlamaya başlamıştım ki, Mustafa "Böööö!" diyerek gözlerini açtı. Çok bozulmuş, utanmıştım.

"Öf ne acayipsin ya. Ödümü kopardın. Böyle şaka mı olur!"

"Sen de çok sulugözlüsün. Erkek adam öyle ağlar mı? Hem söyle bakalım, sahiden ölseydim ne yapardın?"

"Ne yapacağım, bir-iki seslenirdim, sonra da seni burada kurda kuşa bırakıp giderdim."

"Yalancııı, demin öyle demiyordun, hani en iyi arkadaşım filan..."

"Şakaydı o. Senin numara yaptığını anlamadım mı sanki..."

"Amma da yalancısın ha!"

O güzel günü hiç unutmam. Mis gibi havayı, neşemizi, şakalaşmalarımızı, boğuşmalarımızı... Bugün de o günkü gibi şaka yapsın ve yattığı yerden kalksın istiyorum Muzafferim. Ama bir türlü gözlerini açmıyor paşam.

Zübeyde Anne'nin abisi Hüseyin Ağa, çiftlikte olanaklar geniş olduğu için bütün ailenin rahatça burada yaşayabileceğine inanıyordu.

Mustafa'nın okumak istediğini bilse de onun da burada mutlu olabileceğini ve büyüyüp çiftliği yönetmede kendine yardım edebileceğini düşünüyordu. Ama Zübeyde Anne geleceği gören bir kadındı ve oğluna bu çiftliğin yetmeyeceğinin farkındaydı.

"Abi, Mustafa'nın Selanik'te okuması gerek. Biz de arkasından gitmeliyiz."

"Çiftliğin suyu mu çıktı Zübeyde? Tek başına çocuklarla Selanik'te ne yapacaksın? Artık bundan sonra size ben bakacağım."

"Sağol abi ama Mustafa'nın durumu çok endişelendiriyor beni."

"Endişelenecek nesi varmış, aslan gibi çocuk. Çiftliğe geldiğinden beri nasıl serpildi, kuvvetlendi, yanaklarına kan geldi, görmüyor musun?"

"Görüyorum abi, sağ ol ama okulu yarım kaldı. Mustafa okumak istiyor."

"Okuyup da ne yapacak, burada çiftliğin kâhyası olur. Eğer istersen köyün imamından da ders aldırırız."

"Yok abi, hiçbir şey okulun yerini tutmaz. Rahmetli babasının vasiyetini yerine getirmeliyim. Ben önce Mustafa'yı Selanik'e göndereceğim, arkasından da kendim gideceğim."

Hüseyin Ağa Zübeyde Anne'ye kızmıştı.

"Peki, sen kadın başına Selanik'te nasıl, neyle geçineceksin, nasıl yaşayacaksın? Hiç düşündün mü? Neyine güvenip de gidiyorsun?"

"Rabbime güveniyorum abi. Gece gündüz dua ederim, kalbimde kötülük yoktur. Allah elbette çocuklarımla orta yerde bırakmaz beni."

Zübeyde Anne dediği gibi de yaptı.
Önce Mustafa'yı Mülkiye Rüştiyesi'ne
yani devlet ortaokuluna gönderdi.
Mustafa halasının yanında kalmaya başladı.
Önceleri sert çıkan dayısı da yumuşamış,
haftasonları Mustafa'yı atla getirip götürüyordu.
Günler böyle geçip gidiyordu.
Ta ki bir başka öğretmen yine Mustafa'nın
hayatını değiştirinceye kadar.

1892, SELANİK

Kaymak Hafız diye anılan matematik öğretmeni bir gün Mustafa ve bir arkadaşının tartıştığını gördü. Mustafa her ne kadar "Benim suçum yok, kavgayı o başlattı," dese de öğretmen Mustafa'yı haksız yere azarladı. Mustafa eve döndüğünde önce hiç konuşmadı. Zübeyde Anne bir terslik olduğunu sezmişti. Oğlunun peşini bırakmayınca, Mustafa sınıftaki olayı anlatmaya başladı ve sözlerini "Anne ben bu okula gitmek istemiyorum, askeri okula gitmek istiyorum," diye bitirdi.

Annesi ne diyeceğini şaşırdı. "Aman oğlum ne askeri, ben seni tüccar yapacaktım!" diye yalvarmaya başladıysa da Mustafa, babasından aldığı o kararlı duruşla annesine karşı çıkmaya devam etti.

Mustafa'nın, çocukluğundan beri hepimiz gibi tek ideali vardı, asker olmak.

"Hayır anne, ben tüccar olmayacağım, okuyup subay olacağım!"

O gece Zübeyde Anne ne yapacağına bir türlü karar veremiyordu, çok sıkıntılıydı. Rüyasında, çok yüksek bir minarenin tepesinde, Mustafa'nın altın bir tepsinin içine oturmuş olduğunu gördü. Aşağıda duran sakallı bir ihtiyar Zübeyde Anne'ye "İmzanı verirsen Mustafa'nın yeri işte burasıdır; vermezsen tepsiyi aşağı atarım!" diyordu.

Zübeyde Anne sabah kalktığında kararını verdi, oğlunu ne kadar istemese de askeri okula verecek, böylece kocasının vasiyetini de tam olarak yerine getirecekti. Mustafa bu konuşmadan önce zaten annesinden gizli askeri okulun sınavına girmiş ve kazanmıştı.

Böylece Mustafa 1893 yılında Selanik Askeri Ortaokulu'na başladı.

Mahallenin ayrılmaz dörtlüsü Mustafa, ben, Nuri ve Fuat yine birlikteydik. Yaşadığımız tüm sıkıntılara, ülkemizin ve ailelerimizin fakirliğine rağmen burada çok mutluyduk. Fakat Mustafa'nın ailesi bizimkilerden daha zor durumdaydı, yarı aç yarı tok yaşıyorlardı, hepimiz bu gerçeğin farkındaydık. Yine de Zübeyde Anne Mustafa'yı lacivert askeri öğrenci üniformasının içinde görünce bütün çektiklerine değdiğini düşünüyordu. Bunu annelerimizle dertleşirken hep söylüyordu.

Tıpkı ailelerimiz gibi biz de üniformamızla gurur duyardık. Yatılı okuduğumuz için hafta içi okulda olurduk; haftasonları ise Selanik sokaklarında etrafımıza hava atarak dolaşmayı çok severdik. Genç kızların bize baktığını hissettiğimizde de, utangaç bir mutluluğa kavuşurduk. Tabii kızlar en çok sarı saçlı mavi gözlü Mustafa'ya sevdalanırlardı. Ama Mustafa ciddi ve utangaçtı; avare dolaşmayı hiç sevmez, önüne bakarak hızlı adımlarla yürürdü.

Bir gün bize çekine çekine, ilk aşkı Müjgan'dan bahsetmiş, kıza açılmasını önerdiğimizde de, reddedileceğinden korkup, açılmaktan vazgeçmişti.

Mustafa gönül işlerinde çok utangaç olsa da, okulda tam tersine gittikçe daha atılgan ve başarılı bir öğrenci oluyordu. Onu tanıdığımdan beri matematiğe çok düşkündü hatta bana ödevlerimde hep yardım ederdi. Ama ortaokuldaki matematik hocası Yüzbaşı Üsküplü Mustafa Sabri Bey'i çok sevdiğinden midir bilmem, onun dersine ayrı bir özen gösterirdi.

Mustafa Sabri Bey bir gün Mustafa'nın bu azmine daha fazla kayıtsız kalamadı. Ona zekâsından ve olgunluğundan ötürü "Kemal" adını taktı.

"Kemal" ismi Mustafa'ya o kadar yakıştı ki,
Mustafa ölene kadar bu adı gururla taşıdı.
İmzasında bile hep Kemal'i kullandı.

1894, SELANİK

Bir gün Mustafa'yla okuldan dönüyorduk. Birden boş, yıkık dökük bir arsanın ortasında birbirdir oynayan arkadaşlarımızı gördük. Ben, "Hadi biz de oynayalım," diye atıldım. Mustafa kararlı bir şekilde, "Ben oynamam," deyince bozuldum, "Hadi be nazlanma," diye karşılık verdim.

"Oynamam dedim ya!"

"Amma da gıcıksın, hepimiz oynuyoruz işte!"

"Saçma sapan bir oyun bu. İnsanlar birbirinin üzerinden atlayıp da ne olacak. Çok aptalca."

"Off, seninle bir daha konuşmam bak."

Onu elinden tutup oyuna sürükledim. Herkes sırayla eğiliyor, birbirlerinin üzerinden atlıyordu. Mustafa sıralanmış üç-dört çocuğun üzerinden atladı. Eğilme sırası kendisine geldiğinde eğilmedi. Dimdik durdu. Atlama sırası gelen çocuk, Mustafa'ya gelince duraksadı, şaşkın şaşkın bakmaya başladı...

Çocuklar oyunu bırakmış, tehdit edercesine Mustafa'nın çevresini sarmıştı. Ben araya girmeye, onları sakinleştirmeye çalışıyordum. Arada kaş göz işareti yaparak Mustafa'yı uyumlu olmaya davet ediyordum. Mustafa kollarını kavuşturmuş öylece bekliyordu. Çocuklar onu tartaklamak üzereydi. Sonra birden Mustafa'nın yüzü aydınlandı, hiçbir şey olmamış gibi konuşmaya başladı.

"Ben bu çocuk oyununu sizin gibi delikanlılara yakıştıramıyorum da ondan oynamıyorum. Gelin başka bir oyun oynayalım."

Mustafa'yı tartaklamaya hazırlanan çocuklar birdenbire gelen bu öneriye şaşırdılar.

"Peki ne oynamamızı istiyorsun?"

"Savaş oyunu. Bizim gibi gençlere savaş oyunu yakışır, birbirinin üzerinden atlayıp da ne olacak, keçi miyiz biz!"

Çocuklar birbirlerine baktılar. Mustafa'nın önerisi hoşlarına gitmişti.

"Peki nasıl oynayacağız?"

"İki takıma ayrılacağız. Bir takım mahalleye saldıracak öteki takım mahalleyi koruyacak."

Bu öneri herkesin hoşuna gitti. "Hadi oynayalım," sesleri yükseldi.

İçlerinden biri, "Nasıl iki takıma ayrılacağız peki?" diye sordu.

Mustafa, "Ben ayıracağım. Rütbeleri, görevleri de ben vereceğim. Kumandan benim, tamam mı?" diye cevaplayınca çocuklardan biri homurdanmaya başladı.

"Neden kumandan sen oluyormuşsun bakalım?"

Mustafa bu soruya çok şaşırmış gibi bir an durdu, sonra cevap verdi:

"Çünkü... öyle de ondan. Kumandan benim. Şimdi sen şu tarafa geç, Salih seni de karşı takımın kumandanı yaptım. Sen, sen, sen... siz Bulgar, Sırp, Yunan gruplarısınız, biz de Osmanlı askerleriyiz. Kıvırın şapkalarınızı."

Çocuklar bir an birbirlerine tereddütle baktılar, sonra iki tarafa ayrılmaya başladılar. Bir subaydan emir almış askerler gibi teker tekrer şapkalarının kenarlarını kıvırıp ters çevirdiler. Giysilerini, kuşaklarını Rumeli'de süren çatışmalardaki adamlara benzettiler.

Mustafa'nın emrinde olmak hoşlarına bile gitmeye başlamıştı. Bir ara kulağına eğilip şöyle dedim.

"Yamansın be Mustafa, senden korkulur."

Mustafa hafifçe gülümsemekle yetindi.

İşte o gün Mustafa'nın nerede, ne zaman ve ne konuda olursa olsun insanları ikna edeceğine ve peşinden sürükleyebileceğine emin oldum.

Sonra çok eğlenceli bir oyun başladı. Mustafa'nın komutanlığındaki Osmanlılar, geri çekilir gibi yaptılar ve tam biz zafer kazandığımızı sanıp hücum ederken, bizi arkadan yakalayıp yendiler. Oyunu onlar kazanmışlardı.

Yerde yatıp ölü taklidi yaparken, "Hile yaptın Mustafa!" dedim gülerek.

O da kahkaha atarak cevap verdi. "Hile değil, savaş oyunu bu Salih."

Bundan böyle başkomutan hep o olacaktı.

Bir hafta sonu evci çıkmış, okuldan sonra evlere dağılmıştık, hepimiz yine çok neşeliydik. Mustafa o gecenin hayatının dönüm noktalarından biri olduğunu bilmiyordu henüz.

Karnı zil çalarak eve gitti. Yavaşça kapıyı açtı, mutfaktan gelen tıngırtılardan annesinin yukarıda olduğunu düşündü ve misafir odasına girip beklemeye karar verdi. Fakat birden karşısında yabancı bir adam oturduğunu fark etti. Onu görünce donup kalan Mustafa adama soran gözlerle bakıyor, karşısındaki ise tek bir söz söyleyemiyordu.

O sırada Zübeyde Hanım, başörtüsüz ve neşeli bir tavırla içeri girdi. Mustafa'nın geldiğini fark etmemişti.

"Ragıp Bey, yemek hazır, sofraya buyurun."

Adam cevap veremedi. Zübeyde Anne, Ragıp Bey'in baktığı yöne dönünce, Mustafa'yı görüp sustu. Ne diyeceğini bilemiyordu.

Mustafa'nın yüzünden üzüntü, hayalkırıklığı ve kızgınlık okunuyordu.

"Hoş geldin Mustafam..." dedi Zübeyde Anne titreyen sesiyle. Bir an durup devam etti.

"Ragıp Efendi, artık senin yeni baban evladım."

Mustafa hiçbir şey söylemeden merdivenlere yöneldi. Yukarı kata çıkıp odasında ağlamaya başladı. Bir süre sonra bir karar vermişçesine gözlerini sildi, kendini toplamaya çalıştı.

Duvardan babasından kalan kılıcı, dolaptan giysilerini ve kitaplarını alıp küçük bir çantaya doldurmaya başladı. Bu sırada Zübeyde Anne odaya girdi. Mustafa ona bakmadı bile.

"Evladım, Mustafam, biricik oğlum. Sana daha önce söyleyemedim. Böyle öğrenmeni istemezdim yavrum ama kusura bakma, cesaret edip seninle konuşamadım."

Mustafa hiç cevap vermeden eşyasını toplamaya devam etti.

"Oğlum, nereye gidiyorsun?"

Mustafa'nın ağzını bıçak açmıyordu. Gururu kırılmıştı, bu evde artık yerinin olmadığını düşünüyordu. Annesi nasıl olur da babasının anısına gölge düşürürdü, anlamıyordu.

"Evladım, büyüyünce anlayacaksın beni. Bu devirde çocuklu dul bir kadının yaşaması kolay değil. Konu komşu aylardır ısrar ediyor, erkeksiz ev olmaz diyordu ama ben hep itiraz ediyordum. Sonunda efendi bir adam buldular. Ragıp Efendi'yi tanıyınca seveceksin. Tabii babanın yerini tutmaz ama ne yapalım, babacığının ömrü kısaymış."

Zübeyde Anne bunları söylerken bir yandan da ağlıyordu.

"Evladım, zaten şanssız bir kadınım ben. Üç evladımı, kocamı toprağa verdim. Seni kaybedersem yaşayamam. Ne olur Mustafam, ne olur gitme."

Zübeyde Anne hıçkırıklar arasında oğlunun ellerine sarıldı. Birkaç damla gözyaşı Mustafa'nın ellerini ıslattı. Ama o başını kaldırmadı, kalbi acısa da yumuşamadı. Ellerini kurtarıp çantasını alarak odadan hızla çıkıp gitti.

Mustafa aylar sonra Ragıp Bey'in kardeşlerine ve annesine iyi baktığını görecekti. Ardından da ailesinin hasretine dayanamayıp yumuşayacaktı ama o akşam babasının anısı baskın geliyordu.

Mustafa o gece bizde kaldı. Öyle üzgündü ki, ne yemek yiyor ne konuşabiliyordu. Allahtan babam anlayışlı bir adamdı. Mustafa'ya babacan bir tavırla nasihatler verdi, yabancılık çekmemesi için elinden geleni yaptı.

Gece herkes odasına çekildi, biz de Mustafa'yla odamda yatmaya hazırlanıyorduk.

"Üzülme Mustafa, yarın gider annenin elini öpersin, küslüğünüz biter."

"Hayır dönmeyeceğim. Yarın okuldan sonra halama gidip onunla oturacağım."

"Zübeyde Anne'yi hiç görmeyecek misin?"

"Hayır, ölene kadar görmem onu artık. Kararım kesin."

"Ya halan seni geri gönderirse?"

"Göndermez. Halam asla anneme haber vermez."

"Ama babam dedi ki, zaten rahmetli babanın işleri iyi değilmiş. Size bir şey bırakmamış. Annen çok zor geçiniyormuş. Zavallı annen ne yapsın?"

"Bana önceden söyleyebilirdi, beni çocuk yerine koydu."

"Utanmıştır Mustafa. Hem babam 'Ragıp Efendi çok güvenilir bir adam, gümrük memurluğundan iyi para da kazanıyor, Mustafa'ya iyi bir üvey baba olur' dedi."

Ah, bu sözleri söylemez olaydım.

Mustafa öfkeyle kalktı.

"Bak Salih, bir daha sakın bunu söyleme. Benim tek bir babam var ve kimse onun yerini alamaz. Böyle konuşursan, giderim."

"Tamam tamam, hadi yatalım artık."

Ertesi sabah Mustafa sözünden dönmedi, halasının evinin yolunu tuttu ve aylarca orada kaldı.

Ben de arada sırada Zübeyde Anne'yi mahallede görüyor, sararmış yüzünden Mustafa'nın özleminden kahrolduğunu anlıyordum. Ama söz vermiştim Mustafa'ya, bir daha bu konuyu açmayacaktım.

Zübeyde Anne bir gün sokakta beni görüp eve çağırdı. Nar şerbeti ikram etti. Söze nasıl gireceğini bilemiyordu, bir süre sustuktan sonra konuşmaya başladı.

"Salih oğlum, sen Mustafamın en yakın arkadaşısın. Onu eve, getirsen getirsen sen getirirsin. Konuş, aklını çel. Benim kötü bir anne olmadığımı söyle. Çaresizlikten yapmış de. Sen gittin gideli ağlamaktan gözleri kör oldu de."

Zübeyde Anne hem konuşuyor hem ağlıyordu. Yemenisiyle silmekten gözleri kızarmıştı.

"Çok söyledim, babam da nasihatlar verdi ama bilirsiniz, ne inatçıdır Mustafa."

Bir an durdum, söyleyeceklerim konusunda kararsızdım.

"Zübeyde Anne. Mustafa da ben de Manastır'daki askeri liseye kabul edildik. Orada yatılı okuyacağız."

Zübeyde Anne tekrar ağlamaya başladı.

"Desene oğluma yıllarca hasret kalacağım. Zabit oluşunu göremeyeceğim. Ne kadersizmişim."

Bir an durdu, hızla yan odaya gidip geldi. Sonra bana küçük bir tomar para uzattı.

"Allah Mustafamı kem gözlerden korusun. Salih evladım, al şu parayı Mustafama ver. Kabul etmezse Allah adı verdiğimi söyle."

"Aman Zübeyde Anne, yapamam, kızar bana. Mustafa'yı bilirsin."

"Sen onun yerini söylesen de bana, gidip dünya gözüyle görsem oğlumu."

"Söyleyemem, valla öldürür beni."

Zübeyde Anne elime sarılıp hıçkırıklara boğulunca daha fazla dayanamayacağımı anladım.

"Ne olur, ne olur güzel Salihim, söyle bana. Ana yüreği nedir bilir misin?" deyince, ben de gözyaşlarımı tutamayarak Mustafa'nın yerini söyledim.

Zübeyde Anne ertesi sabah, lapa lapa yağan karı umursamayarak evden çıkıp Mustafa'nın halasının oturduğu sokağa gitti. Bir köşeye saklanıp Mustafa'nın çıkmasını bekledi. Bir süre sonra Mustafa üzerinde okul üniformasıyla dışarı çıktı.

Durup şaşkın gözlerle annesine baktı, ne yapacağını bilemiyordu.

Zübeyde Anne atıldı.

"Mustafam nasılsın? Hasretine dayanamadım, seni görmek istedim."

Mustafa çakmak çakmak bakıyor, hiçbir şey söyleyemiyordu.

"Oğlum ne olur eve gel, sana anlatacaklarım var."

Mustafa hiç konuşmadan annesinin yanından geçip yoluna devam etti. Yüreği yanıyordu, ayakları geri geri gidiyor, annesine sarılmak istiyordu. Ama annesinin evliliğini genç kalbi bir türlü kabul edemiyordu.

O gün onu ele vermemi uzun süre affetmemiş,
bana küsmüştü ama çok geçmeden
Manastır Askeri Lisesi'nde barıştık.
Hayatta ona üç kere ihanet ettim. İlki buydu.
İkincisi Selanik'ten Zübeyde Hanım'ı
almadan ayrılmamdı. Üçüncüsünü ise
ileriki satırlarda öğreneceksin.

1895, MANASTIR

İlk kez doğduğumuz şehirden ayrılıyorduk. İkimiz de çok heyecanlıydık. Biliyordum ki Mustafa için bu gidiş, artık "baba ocağı"nı bırakıp "asker ocağı"na girişti. Bundan sonraki hayatında yalnız ve bağımsız yaşamak onun için hep öncelikli olacaktı.

Lisemiz, ortasında kocaman bir bahçesi olan çok güzel bir yapıydı. İyi öğretmenlerin çalıştığı, başarılı bir okuldu. Başarısında özgür eğitim anlayışının, bu eğitim anlayışında da Makedonya'daki pek çok azınlığın ve fikrin iç içe yaşamasının payı büyüktü. Belki de bizler böyle bir okulda gençliğimizi geçirdiğimiz için pek çok hayali yeşertebilmiş, düşüncelerimizi tartışıp şekillendirebilmiştik.

Mustafa, okulun ilk günlerinde kötü bir olayla sarsıldı. Sıtmaya yakalandı ve bu sırada, babasının

kendisine miras bıraktığı, annesinin "Artık büyü-
dün, sende dursun," diyerek verdiği saati kaybedin-
ce, üzüntüden iğne ipliğe döndü. Biliyorduk ki, ne
kadar belli etmemeye çalışsa da baba özlemi alev
alev içini yakıyor, onun saatini kaybetmek, Musta-
fa için bambaşka anlamlar taşıyordu.

Fakat çok geçmeden lisemizin bizi kucaklayan
hareketli günlerine kendimizi bırakıverdik ve bir
ömür sürecek sıkı dostlar edindik. Fuat, Nuri,
Mustafa ve ben zaten mahalleden arkadaştık ama
grubumuza Kâzım, Ömer Naci ve Fethi de katıl-
mıştı. Birlikte sürekli vatanımızın geleceğini dü-
şünüyorduk. Günden güne küçülüp toprak kaybet-
tiğini görüyor, üzülüyorduk. Memleketimizin bu
kötü kaderini değiştirmek için neler yapabileceği-
mizi tartışmadan bir gün bile geçirmiyorduk.

Gittikçe büyüyen gençlik ateşimiz ve vatan sevda-
mız bir gün çılgın bir maceraya atılmamıza neden
oldu. Şansımıza, amacımıza ulaşamadık ve ölüm-
den döndük.

1897'de çıkan Türk-Yunan savaşında, yani 16
yaşlarındayken vatanı savunmak için bir gece giz-
lice okuldan kaçtık. Şimdiden ülkemizi düşman-

lardan kurtarmayı kafamıza koymuştuk. Gönüllü olarak savaşa katılmak istiyorduk. Ama öğrenci olduğumuz anlaşılınca, yaka paça okula geri gönderildik. Ve Mustafa'yı çok seven müdürümüz sayesinde ceza almaktan kurtulduk.

Oysa acele etmemize hiç de gerek yoktu. Yakında cephelere gönderilecek ve senelerce ailelerimizden ayrı kalacaktık.

O günlerde Mustafa ve Ömer Naci iyice yakınlaşmışlardı. Ömer Naci'nin edebiyat bilgisi ve vatan sevgisinden bahseden şiirlere olan derin ilgisi Mustafa'nın, daha önce hiç bilmediği bir alana merak duymasını ve bakış açısının genişlemesini sağladı. Sonraki yıllarda cephede üzerimize mermiler yağarken bile gaz lambasının ışığında kitap okuduğunu hayretle görecektik.

Hatta o yıllarda şiir yazmaya bile başlamıştı ama bir öğretmenimiz, şiir sevdasından vazgeçmesini aksi halde, başarılı bir asker olamayacağını söyledi ve böylece Mustafa şiir yazmayı bıraktı.

Manastır'daki liseyi bitirirken Mustafa
annesini affetti. Annesini çok özlediğinden,
son zamanlarda onunla mektuplaşmaya başlamıştı.
Bu yüzden Selanik'e döner dönmez
kendi evinde aldı soluğu.

1898, SELANİK

Yıllar sonra öğrendiğime göre, kapı çaldığında, Zübeyde Anne Makbule'ye dikiş dikmeyi öğretiyordu. Makbule koşarak kapıyı açtı. Mustafa askeri öğrenci üniformasının içinde öyle farklıydı ki Makbule, abisini bir anda tanıyamadı. "Kim gelmiş kızım?" diye soran annesine "Bir asker," diye cevap verdi önce ama hemen sonra neşeyle haykırdı.

"Anne, anne çabuk gel!"

"Ne oldu Makbule?"

"Anne gözlerine inanamayacaksın!"

Zübeyde Anne birden büyük bir telaşa kapıldı. Pencereye koşarken bir taraftan da umutla haykırıyordu. "Yoksa, yoksa... Mustafam mı geldi!"

Zübeyde Anne, pencereden üniforması içinde Mustafa'yı gördüğünde gözlerine inanamadı. Sokakta Makbule'ye sarılan, boy atmış, genç bir adam olmuş Sarı Paşası Mustafa'ydı.

O kadar heyecanlanmıştı ki, bir an dışarı çıkamadı. Sonunda daha fazla dayanamayıp koştu. Mustafa hemen annesinin elini öptü. Zübeyde Anne oğlunu bağrına bastı. Makbule de onlara sarılınca üçü, sarmaş dolaş hem gülüp hem ağladılar.

O akşam kalabalık, sessiz bir aile yemeği yendi. Yemekleri bitince, Zübeyde Anne kızlarını ve Ragıp Efendi'nin çocuklarını da alıp başka bir odaya geçti. İkisini yalnız bırakmak istiyordu. Bir süre sonra Makbule ikisine kahve getirip odadan çıktı.

Ragıp Efendi Mustafa'ya köşedeki en büyük koltuğu gösterdi.

"Buyur, şuraya otur Mustafa Efendi," deyince Mustafa şaşkınlığını gizleyemeyerek, "Yok estağfurullah, siz buyurun," diye karşılık verdi.

"Hayır siz buyurun. Bir ordu mensubumuza daha çok yakışır başköşe. Sonra ne de olsa, siz bu evin sahibi rahmetli Ali Rıza Efendi'nin oğlusunuz."

Mustafa bu sözler üzerine çok duygulandı. Koltuğa oturdu. Ragıp Efendi kahvesinden bir yudum aldıktan sonra, tane tane konuşmaya başladı.

"Mustafa Efendi, biliyorum sizinle kötü şartlar altında tanıştık. Birbirimizi tanıma, anlama fırsatını bulamadık. Ben size yerden göğe kadar hak veriyorum. Ama annenizin de benim de haklı sebeplerimiz vardı. Ben de eşimi kaybetmiştim. Bu dünyada yalnız yaşamak çok zordur."

Mustafa başı önünde Ragıp Efendi'yi dinliyor, duygularını açığa vurmak istemiyordu ama içten içe onu haklı buluyordu.

"Ben hiçbir zaman rahmetli babanızın yerini tutamasam da belki beni bir akrabanız olarak kabul edersiniz. Böylece ben de size eğitim hayatınızda destek olmaktan şeref duyarım. Çünkü biliyorum ki, askeri liseyi çok iyi bir dereceyle bitirdiniz."

"Dördüncülükle bitirdim efendim. İki orta notum var, Fransızca ve resim. Onları da halledebilseydim, birinci olacaktım."

Ragıp Efendi gülümsedi ve karşısındaki gence gururla baktı.

"Şimdi ne yapmayı düşünüyorsunuz?"

"İstanbul'a, Harbiye okuluna gideceğim efendim."

"Ben de öyle düşünmüştüm. Devletimiz en zor günlerini yaşıyor. Düşmanlar ülkemize 'hasta adam' diyor ve paylaşmak için ellerinden geleni yapıyorlar. Ordumuzun sizin gibi yetenekli ve zeki askerlere ihtiyacı var. İnşallah başarılı olursunuz."

"Sağ olun Ragıp Efendi."

"Arkadaşınız Salih Bey de sizinle geliyor mu?"

"Evet, Salih benim kardeşimdir."

Hayatımın en büyük şansı, Mustafa'ya
rastlamamdı. Onun da dediği gibi
çok kısa bir süre sonra kardeşim Mustafa'yla
Harbiye yıllarımız başladı.

1899, İSTANBUL

İstanbul'a gelmek Mustafa'nın başını döndürmüştü. İlk kez bir geminin güvertesinden gördüğü bu büyük şehir yeni terlemiş bıyıkları ve çakır gözleriyle yakışıklı bu genci bir anda etkisi altına aldı. Mustafa şehrin büyüsüne kapılmaktan derslerini ilk defa boşladı. Fakat birinci senenin sonlarına doğru, sınavların yaklaşmasıyla, bu büyüden kendini kurtardı ve her yıl artan bir ilgiyle yine derslerine sarıldı. Çok geçmeden de sınıfın çavuşu oldu.

Yeni kaydolan bir arkadaşa okulu tanıtırken "Dersanemiz karanlık ama bizim yüreğimiz aydınlık," dediği aklımdan hiç çıkmaz.

Çok kısa sürede bütün okul onu tanır olmuştu. Mustafa memleket sorunlarına çözüm getiren cesur fikirlerini arkadaşlarıyla paylaşmaktan çekinmez, herkesi etrafına toplardı. Çevresine karşı çok nazik davranması sevilmesinin ve aykırı fikirlerinin dinlenmesinin en önemli sebebiydi. Giyimine gösterdiği aşırı özenin de liderliğini pekiştirdiğini söylemek hiç abartılı olmaz.

Kendini her konuda geliştirmek için hiç sönmeyen bir ateşi vardı. Fransızcasının kötü olduğunu düşündüğünden, geliştirmek için elinden geleni yapıyor, Fransız bir kadının işlettiği bir pansiyonda oda tutmuş, ondan dersler alıyordu. Hatta tatillerde de Selanik'teki bir Fransız okuluna kayıt yaptırmıştı.

Tarih okumak onun en büyük tutkularından biriydi. Her cuma akşamı bizi toplar, sonra kürsüye çıkar, bize tarihimizden ve bugün Osmanlı İmparatorluğu'nun geldiği durumdan bahsederdi. Bu karanlıktan, örgütlenerek nasıl çıkabileceğimizi konuşurduk. Şimdiye kadar padişahı hiç eleştirmemiş olan bizler, onu duydukça şaşırır kalırdık.

Bu hareketli günlerden birinde, Mustafa Selanik'ten acı bir haber aldı. Evleri tekrar yas evi olmuştu. Küçük kız kardeşi, annesinin tıpatıp benzeri olan ve Mustafa'nın büyüyünce okutmaya yemin ettiği Naciye de tedavisi olmayan bir hastalıktan hayatını kaybetmişti.

Kimi zaman neşeli kimi zaman hüzünlü
ama her zaman umutlu geçirdiğimiz
o güzelim yıllardan sonra
Harbiye'den mezun olduk.

1908, SELANİK

Mustafa, Harbiye'den sonra Harp Akademisi'ne devam etti ve 1905 yılında, 24 yaşındayken kurmay yüzbaşı rütbesiyle mezun oldu. Artık öyle mutluydu ki, hemen Beyoğlu'nda bir fotoğrafçıya gidip üniformasıyla fotoğrafını çektirip annesine gönderdi. Fotoğrafın arkasında "Yakında Selanik'teyim" yazıyordu. Ne yazık ki, bir suçlama nedeniyle Şam'a sürgün edildiğinden, gözü yaşlı annesi Sarı Paşasına bir süre daha kavuşamayacaktı.

Mustafa genç bir yüzbaşı olarak mesleğine yeni başladığı bu günlerde, sürgüne gönderildiği için başlarda büyük umutsuzluğa kapıldı. İstanbul'dan sonra çok karanlık ve yoksul gelen bu şehre alışmakta çok zorluk çekti. Fakat çok geçmeden çocukluk arkadaşımız Fuat'ın da aynı orduya tayin edilmesiyle tekrar eski gücünü topladı.

"Biz bu çöle gider ve orada yeni bir hayata başlarız," dedi ve orada arkadaşlarıyla Vatan ve Hürriyet Cemiyeti'ni kurdu. Artık vatanı kurtarma sevdasını örgütlü bir şekilde hayata geçirmek istiyordu.

Şam'da zor koşullarda geçen üç yılın ardından tekrar Selanik'e atandı. Her ne kadar 1908'deki Meşrutiyet'in ilanını kaçırmış olsa da, sonunda vatan topraklarına döndüğü için içi içine sığmıyordu.

Bir gece, Olimpos gazinosunda Mustafa, Nuri, ben ve birkaç arkaşımız oturuyorduk. Mustafa hepimize, "Bir gün bizler iktidar olacağız ve hepinize görevler vereceğim, hiç ayrılmayacağız," dedi ve bana dönerek ekledi. "Salih, seni de başyaverim yapacağım."

Bu imkânsız hayali hepimiz gülerek geçiştirirken içimizden biri takılmak için sordu.

"Peki sen ne olacaksın?"

"Ben... size bu görevleri verecek adam olacağım."

Mustafa Kemal 1909 yılında, adını kendisinin koyduğu Hareket Ordusu'na katıldı. Bu orduyu, yönetimde sözü olan İttihat ve Terakki Partisi 31 Mart Ayaklanması'nı bastırmak için İstanbul'a gönderiyordu. Ama Mustafa, Osmanlı İmparatorluğu'nu düştüğü kötü durumdan kurtarmak için yönetimdeki İttihatçılardan farklı çözüm önerileri düşünüyordu.

Bir yıl sonra Mustafa Kemal, Paris'te bir tatbikata katıldı. Fransa'da gördüğü her şey ona yepyeni, Batılı bir bakış açısı kazandırdı. Ülkesinin kaderini değiştirecek fikirleri gelişiyor ve kesinlik kazanıyordu. O tatbikatta bambaşka bir konu daha kesinlik kazanacaktı.

Tam binecekken yerini başka bir subaya verdiği uçak, havalandıktan çok kısa bir süre sonra yere çakıldı. Yolculardan kurtulan olmamıştı. Bu olaydan sonra Mustafa Kemal bir daha hiç uçağa binmedi.

Mustafa Selanik'e döndükten bir süre sonra İtalya, Trablusgarp'a saldırınca, savaşa katılmak için ilk başvuran gönüllülerden oldu. Onun vatanı savunma aşkı, Selanik'e olan aşkına üstün geliyordu.

Bir gece çok yakın arkadaşımız Ali Fuat ile Mustafa, bütün Selaniklilerin çok sevdiği deniz kenarındaki Beyaz Kule'nin bahçesine oturdular. Saatlerce konuştular, gün ağarmaya başlarken ve ay Olimpos dağlarının arkasında kaybolurken, Mustafa içini çekerek "Ah Selanik," dedi. "Seni bir daha Türk olarak görecek miyim?"

Belki o gece bir başka aşk daha vatan aşkına yenik düşüyor, Selanik'le birlikte Mustafa Kemal'in yüreği birinin daha adını fısıldıyordu. Mustafa o gece, Hatice'ye de çok yakında veda edeceği için daha kederliydi.

Mahallemizde Nadire ve Hatice adlı iki kız kardeş otururlardı. Nadire, Hatice'nin ablasıydı ve çok güzeldi ama verem olmuştu, o yüzden pek solgundu. Her gün pencereden, asker üniformalı Mustafa Kemal'i izlerdi gizli gizli; kız kardeşi Hatice ve arkadaşları ablasının bu durumuna üzülür, buna bir çare ararlardı.

Hatice, annesi ile Zübeyde Anne'yi ziyaret ettikleri bir gün, gizlice Mustafa'nın tarih kitabının arasına ablasından bir mesaj olacağını düşünerek bir karanfil koydu. O sırada eve gelen Mustafa bu karanfilin Hatice'nin duygularını ifade ettiğini düşündü ve herhalde o da Hatice'yi seviyordu ki, birkaç yıl sonra annesinden Hatice'yi ailesinden istemesini rica etti. Ne yazık ki, Zübeyde Anne, Hatice'yi iki kez istemesine rağmen ailesi, Mustafa asker olduğu ve Hatice'yi ailesinden koparacağı için bu evliliğe razı gelmedi.

Çöken ve can çekişen imparatorluğumuzun
pek çok cephesinde savaştık.
Ordumuz umutsuzca İngilizler,
Fransızlar, İtalyanlar, Bulgarlar ve
Yunanlılarla çarpışıyor,
pek çok kayıp veriyordu.

1911, SELANİK

Selanik'te, gelecek uğursuz günlerden habersiz, huzurlu bir akşam vaktiydi. Mustafa Kemal, Nuri ve ben akşam yemeği için bir gazinoda buluştuk. Selanik'te vedalaştığımız o geceyi hiç unutmayacağım.

Gece boyu konumuz elbette her geçen gün daha fazla kaybettiğimiz topraklarımız ve Osmanlı'nın içler acısı durumuydu. Her ne kadar eğlenmeye çalışsak da hepimizin yüreği yanıyordu.

Nuri elindeki bardağı kaldırdı.

"Haydi, Mustafa'nın Trablusgarp'a gidişinin şerefine içelim. İnşallah toprağımızı İtalyanların elinden kurtarırsınız."

"İnşallah Nuri, görev görevdir ama ben burada kalmayı tercih ederdim."

"Niçin?" diye sordum.

"Selanik'i savunmak için elbette Salihim. İçimde kötü bir his var arkadaşlar. Her yer teker teker

elimizden çıkıyor. Bu gidişle Selanik'i de kaybede-
ceğiz diye korkuyorum."

Nuri ile ikimiz hep bir ağızdan, "Allah korusun, ne-
ler söylüyorsun sen. Olmaz öyle şey!" diye karşı çıktık.
"Ümit ederim siz haklı çıkarsınız ama baksa-
nıza her gün bir parçamızı koparıyorlar. Bir daha
dünya gözüyle Selanik'i göremeyeceğim galiba."

Masa sessizleşti. Mustafa Kemal konuşmayı
sürdürdü. "Eğer böyle bir şey olursa annem ve kız
kardeşim sana emanet Salih."

"Sen onları merak etme. Zübeyde Annem öz an-
nemden önce gelir, bilirsin."

"Bilirim, bilirim ama..."

"Bırak bunları Mustafa. Sen şimdi Trablusgarp'ta-
ki savaşı düşün. Dikkatli ol. Sağ salim dön buralara."

Konuşmamız hararetli hararetli sürerken, sahne-
ye bir saz takımı çıktı. Bir süre çeşitli makamlarda
gezindikten sonra bir zeybek havası tutturdu. Mus-
tafa Kemal kararlı adımlarla ortaya geldi, kollarını
kaldırdı ve zeybek oynamaya başladı. Herkes susmuş
onu izliyordu. Her dönüşünde, her diz vuruşunda
koca imparatorluğu dize getiren güçlere tek başına
kafa tutuyordu adeta. Çakır efemiz boyun eğmeye-
cekti. Tıpkı bir zamanlar birdirbir oyununda yaptığı
gibi dimdik duracaktı tüm düşmanların karşısında.

Mustafa'nın Trablusgarp'a gitmesiyle
yollarımız bir süre için ayrıldı.
Orada yaşadığı bir olayı yıllar sonra
bana anlatacaktı. Bedevi bir falcı kadının
söylediği ama o zamanlar ciddiye almadığı
kehanetin bir kısmı gerçek çıkmıştı.
Bir kısmı da korkarım çıkmak üzere...

1912, BİNGAZİ

Mustafa Kemal, Nuri ve birkaç subay arkadaşı, baharat satılan bir Arap pazarının içinde yürüyorlardı. Hepsi de imparatorluğun bu geri kalmış bölgesi için var güçleriyle savaşıyorlardı.

Etraflarını dikkatle inceleyerek yürürken Mustafa Kemal, "İmparatorluğumuzun geleceğini, buradan da anlaşılacağı üzere Batı medeniyetlerinde aramalıyız, yönümüz hep bu olmalı," dedi.

Nuri atıldı, "Hepimiz bu fikirdeyiz ama nasıl yapacağız, nasıl bir çare bulacağız?" diye sordu.

Mustafa Kemal, kendinden emin "Elbette bulacağız çaresini," derken kocaman kapkara gözlü, elleri kınalı bir falcı kadın Mustafa'nın elini kaptı ve falına bakmaya başladı.

Mustafa Kemal elini çekmeye çalıştı. "Ben fala inanmam," dediyse de Nuri ısrar etti. "Canım biz de inanmayız ama hepimiz eğlencesine baktıracağız, haydi sen de uzat elini."

Mustafa Kemal isteksizce uzatıp açtı elini. Falcı inceledi inceledi ve birdenbire dehşet içinde, gözleri daha da büyüyerek, "Sen, sen... padişah olacaksın!" dedi.

Bu söz üzerine hepimiz gülmeye başladık.

"Padişah olacaksın ve on beş yıl tahtta kalıp öyle öleceksin."

"Tamam, pekâlâ on beş yıla razıyım. Yeter de artar bile," dedi Mustafa Kemal gülmesini sürdürerek.

Arkadaş grubu falcıya biraz para verip birbirleriyle şakalaşarak uzaklaştılar. Yürürlerken içlerinden biri Mustafa'nın önünde yerlere eğilerek, "Haşmetli padişahım, şu lokantada bir akşam yemeği yer miydiniz acaba?" diye sordu.

Mustafa Kemal hem gülümsüyor hem de "Size de eğlence çıktı, nerden baktırdım şu fala," diyerek söyleniyordu.

Ordumuz Trablusgarp'ta yokluklar içinde savaşırken, Mustafa Kemal'in korktuğu başımıza geldi ve Selanik elden gitti.

Sömürgeci devletler Osmanlı'yı parçalıyor, Mustafa ise hasta böbrekleriyle cepheden cepheye koşuyordu.

Yunan ordusunun şehre girmesiyle Türkler akın akın şehri terk etmeye başlamışlardı.

Bu arada ben de sürgüne gönderilen Padişah Abdülhamit'e eşlik etme göreviyle İstanbul'a gittim.

Mustafa'ya verdiğim sözü tutamamış,
annesini ve kız kardeşini Selanik'te
yalnız başlarına bırakmıştım.
İşte şimdi ona ikinci kez ihanet etmiştim.

1912, SELANİK

Zübeyde Anne, Ragıp Efendi'den ayrılmış, hem kızı hem can yoldaşı Makbulesiyle ve Sarı Paşası Mustafasının özlemiyle yaşayıp gidiyordu.

O gün Selanik'teki evlerinde mutfaktaki işlerini bitirmeye çalışıyorlardı. Kapıları sertçe çalındı. Zübeyde Anne korkuyla kapıyı aralayınca, karşı komşusunu gördü.

"Çabuk Zübeyde, çabuk! Düşmanlar Selanik'e girmiş, kaçıyoruz!"

"Allahım, neler diyorsun!"

"Herkes yollara düştü bile, hepimiz toplandık gidiyoruz. Hadi siz de acele edin."

Zübeyde Anne dehşet içinde kızına seslendi.

"Makbule çabuk hazırlan, üstünü giy, gidiyoruz!"

"Nereye gidiyoruz anne?"

"Çabuk ol, konuşacak zaman yok."

Zübeyde Anne bir sandığı açıp, içinden bir kemer çıkardı, kemerin içinde birkaç altın vardı. Onu beline sardı, aceleyle bir bohça hazırladı. İçine ekmek koydu. Ardından Makbule'yi elinden tuttuğu gibi sokağa fırladı ve evine son kez dönüp baktıktan sonra kalabalığa karıştı. Etrafta ne at vardı ne araba. Hiçbir şey kalmamıştı.

Yağmurlu bir günde, çamur içindeki yollarda, yüzlerce, belki de binlerce insan bata çıka yürüyordu. Üstleri başları perişandı. Çevreleri ise göçün ve savaşın korkunç kanıtlarıyla çevriliydi.

Gün boyunca durmaksızın ilerleyen göç kafilesi yorgunluktan bitkindi. Hava kararmak üzereydi. Bir önceki gece evlerindeki sıcak yataklarında yatan bu insanlar bir gün sonra nerede uyuyacaklarını bilememenin çaresizliği ve şaşkınlığı içindeydiler. En sonunda insanlar çevredeki tarlalara serilip, yarı uykulu yarı korkulu bir geceye kendilerini bıraktılar.

Balkan Savaşı bitmiş,
Büyük Balkan göçü başlamıştı.
Hem de yürüyerek!..

1912, İSTANBUL

Tepebaşı'ndaki Meserret kıraathanesinde pencere kenarında oturmuş dışarıya bakarak kahvemi yudumlarken birden Mustafa Kemal'i gördüm, hemen el edip içeriye çağırdım. Yıllarca savaştığı Trablusgarp İtalya'nın yönetimine geçince, o da İstanbul'a dönmüştü.

"Mustafa! Aman Allahım, Mustafa! Nasılsın?" derken birbirimize sarıldık.

Mustafa "Hayattayım çok şükür. Bugünlerde bundan daha fazlasını aramamalı zaten," derken, birden kaygıyla sordu.

"Salih, annemden haber aldın mı? Her yerde onları arıyorum."

"Ah Mustafa, kardeşim, bilemiyorum ki. Balkanlar'dan yüz binlerce insan yollara düştü. Neredeyse hepsi yürüyerek İstanbul'a geliyor. Bir kısmı geldi bile. Çetelerin katliamından kaçıyorlar. Zübeyde Annemle Makbule inşallah sağ salim varmışlardır buraya."

Mustafa'nın gözlerinden bana ne kadar çok gücendiğini okuyor, ne diyeceğimi bilmeden öylece durmuş, acılı bakışlarla onu süzüyordum.

"Peki sen onlarla hiç ilgilenemedin mi Salih?"

"Maalesef be Mustafa! Selanik düşünce apar topar padişahı gemiyle buraya getirdik."

"Ah be Salih. Bizim güzel Selanik gitti gider ha! Kordon, Beyaz Kule, ne hatıralar... ben demedim mi, bir daha dünya gözüyle göremeyiz diye şehrimizi."

"Sorma be Mustafa, benim de her gece rüyalarıma giriyor. Ama bu gidişle bırak Selanik'i, imparatorluğumuz elden gidecek. Şu halimize bak. Her yer işgal altında."

"Zavallı annemi ve kardeşimi bulmalıyım Salih. Kim bilir nerelerde, ne halde kaldılar? Kaç gündür göç edenlerin toplandığı her yere bakıyorum ama nafile. Umarım sağ sağlim ulaşmışlardır buralara."

Sonra yavaşça omzuma vurdu.

"Sen aileni getirdin mi Salih?"

Hayatım boyunca böyle utandığımı hatırlamıyorum. Kısık bir sesle, "Evet," diyebildim sadece. Gözlerine bakamıyordum.

Mustafa Kemal susup gözlerini yüzüme dikti, başını öne eğerken beni daha da fazla üzmemek için, "Sevindim kardeşim, sevindim," dedi. Yüce bir gönülden çıkmış bu sözle, beni bir kez daha utanç içinde bıraktı.

Mustafa Kemal günlerce İstanbul sokaklarında annesini ve kız kardeşini aradı. Rumeli'den gelen Osmanlı vatandaşlarının çoğu öldürülmüş, kimi yollarda kalmış, kimi de aylarca süren perişanlıktan sonra İstanbul'a ulaşabilmişti. Bu kadar insan bir yere sığamayacağı için cami avlularında, hükümet binalarında, meydanlarda, parklarda ve bazı iyi yürekli insanların evlerinde kalıyorlardı. Mustafa Kemal yavaş yavaş ümidini kaybediyordu.

1912, İSTANBUL

Mustafa Kemal bir gün yorgun ve perişan halde, bir caminin bahçesine girdi. Emir eri önünden geçip ona kalabalığın içinde yol açıyordu. İnsanların çoğu hasta ya da yaralıydı, yerlerde oturuyorlardı. Mustafa Kemal kalabalığa doğru seslendi.

"Selanik'ten gelenler burada mı?"

Gelenlere çorba dağıtan bir subay cevap verdi.

"Birçok yere dağılmış durumdalar. Siz birini mi arıyorsunuz?"

"Evet, annemi ve kız kardeşimi."

Ortalığı öksürük sesi ve acılı iniltiler kaplamıştı. Üstlerinde başlarında bir şey kalmamış, o soğukta birkaç yardımseverin verdiği battaniyelere sarınarak ısınmaya çalışıyorlardı. Mustafa Kemal hepsine dikkatle bakıyordu. Birden gözleri, yaşlı yüzü görünmeyen bir kadının eline takıldı, parmağın-

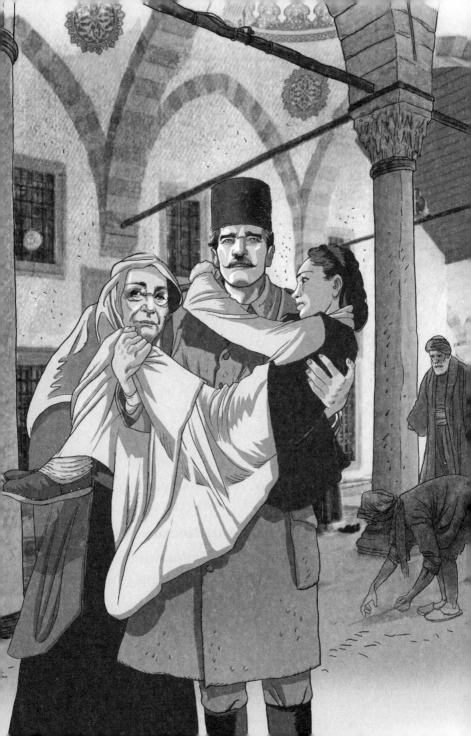

da annesinin yüzüğü vardı. Kirli bir battaniyenin üzerinde yatan, hastalıktan tanınmaz hale gelmiş bu kadın, annesiydi.

"Anne!" diye haykırdı.

Zübeyde Anne, korkunç bir kâbustan uyanmışçasına silkinip, oğluna sıkı sıkı sarıldı.

Makbule de gözlerinde yaşlarla abisine sarılıp, "Senin cephede öldüğünü söylediler bize," dedi.

Zübeyde Anne inleyerek, "Allahım sana çok şükür, Mustafamı bana bağışladın," diye ağlayarak dua etmeye başladı.

"Ağlama anacım, ağlama! Bak hiçbir şeyim yok, sapasağlamım. Şimdi buradan çıkıp eve gideceğiz."

"Selanik düştü Mustafam. Bizim nazlı Selanik gitti. Hırsız gibi, dilenci gibi kaçtık memleketimizden."

"Hadi kendini yorma anne. Koskoca imparatorluğumuz elden gidiyor. Bir çaresini bulacağız elbet."

Zübeyde Anne ve Makbule bir süre akrabalarının evinde kaldılar. Mustafa Kemal daha sonra onları Beşiktaş'ta küçük bir eve yerleştirdi. Kendisi de ara sıra onlarda kalıyor, ailesiyle hasret gideriyordu.

Ordu içinde sivrilen Binbaşı Mustafa Kemal,
Balkan Savaşları sonunda,
iyice içinden çıkılmaz bir hal alan
devlet yönetimine daha fazla karışmaması için
Sofya'ya, askeri ataşelik görevine gönderildi.

1913, SOFYA

I. Dünya Savaşı'nda, Bulgarların Osmanlı'ya yardım etmesini sağlamak gibi bir görevi de olan genç binbaşıyı görenler, onun kusursuz Fransızcasından ve deneyimli bir diplomat gibi yaptığı konuşmalardan etkileniyorlardı.

Mustafa Kemal görevini sürdürürken de Batılı hayatı öğrenmekten geri durmuyordu. Kostümlü bir baloya, birinci seçilen Yeniçeri kostümüyle katılmış ve ona "Siz Türk tarihinden bir rehber seçtiniz mi kendinize?" sorusuna, "Benim rehberim Plevne Zaferi'nin dâhi komutanı Osman Paşa'dır," diye cevap vermişti.

Bir başka gece Sofya'da ilk kez opera izlemiş ve dönüşünde arkadaşına şöyle demişti.

"Ben Bulgarlara Balkan Savaşı'nda niye yenildiğimizi anladım, biz onların geri kalmış olduğunu düşünürdük ama onların operaları varmış. İstanbul'da tiyatro bile yok sayılır."

Mustafa Kemal her zaman bir milletin sadece askeri birliklerle değil, bilimle, eğitimle, kültürle ve sanatla güçleneceğini söylerdi. İşte bu opera, teorisinin yüzlerce kanıtından biriydi. Ona göre Türk milleti de böyle güçlenerek büyük bir millet olmaya devam edecekti.

Sofya'da ilerlettiği yüzlerce dostluk ilişkisi ve kazandığı diplomatik başarılar, on yılı aşkın bir süre sonra Bulgaristan'la imzalanacak olan Dostluk Anlaşması'nın temelini oluşturdu.

Canım Muzafferim, bizler o yıllarda Türkü,
Kürtü, Müslümanı, Ermenisi, Rumu, Yahudisi,
Bulgarı, Sırpı ve Arapıyla tek bir millettik.
Büyük devletler bizi yıkmak için hepimizi
birbirimize düşürdüler. Senin şimdi okuduğun
Galatasaray Lisesi 1915 yılında hiç mezun vermedi.
Neden biliyor musun? Çünkü tüm öğrencileri
Türkü, Yahudisi, Ermenisi, Rumuyla
Çanakkale'de şehit düşmüştü.

1915, GELİBOLU, ÇANAKKALE

Savaş kahrolmak demektir oğlum. Gece gündüz burnuna dolan ölüm kokusundan yıllar boyu kurtulamamak demektir. Açlık, susuzluk, dizanteri, hastalık ve hatta aklını oynatmak demektir. Gelibolu'nun sırtlarında hepimiz işte bunlarla boğuşuyorduk. O umutsuz, korku içinde geçen geceler, ölene kadar hiçbirimizin aklından çıkmayacaktı.

O gecelerden birinde, düşman saldırısının tam ortasında büyük bir mucize gerçekleşti. Adeta vatanımızın kötü giden şansı, birden dönüvermişti. Bu mucizeyi gözleriyle görmek, candan dostumuz Nuri'ye kısmet oldu.

Giderek yaklaşan top mermilerinin patlamasıyla sarsılan sığınakta üstünü henüz giyinmiş olan Nuri, telaşla palaskasını takmaya çalışıyordu. Tam dışarı çıkacakken Mustafa Kemal'le göz göze geldi. Mustafa

Kemal dışarıda yaşanan ölümcül karmaşayı kanıksamışçasına sakin bir sesle konuşmaya başladı.

"Bugün hücum erken başladı Nuri."

"Herhalde baskın basanındır diye düşünüyorlar."

"Bakalım sonunda kim baskına uğrayacak."

Tam dışarı çıkarken Nuri ona başucundan aldığı cep saatini uzattı.

"Saatini unuttun!"

Mustafa Kemal, Nuri'den aldığı saati göğüs cebine koyup dışarı fırladı. Dışarı çıkar çıkmaz da savaşın yakıcı kokusunu genzinde hissetti. Ortalık cehennem gibiydi. Yarbay Mustafa Kemal, Nuri ve yanlarına katılan subaylar mevzi boyunca ilerleyerek sahra dürbünlerinin olduğu noktaya geldiler. İngiliz savaş gemilerinin öfkeli topları karayı dövüp duruyor, kulakları sağır ediyordu.

Mustafa Kemal Nuri'ye döndü. "Yeni birlik birazdan burada olur. Daha sonra da diğerlerinin hızla gelmesini sağlayın."

İngiliz topçuları susmuş, ortalığı saldırı öncesi huzursuz bir bekleyiş kaplamıştı. Nuri ve Mustafa Kemal dürbünlerle düşman mevzilerini izlerken heyecanla yanlarına gelen bir er, yeni birliğin geldiğini bildirdi. Bu haberi alan Mustafa Kemal çevresindeki subaylara döndü...

Bir süre sonra mevziye çekilince Mustafa Kemal idare lambasının ışığında üniformasını zorlukla çıkardı. Çok ağrısı vardı.

"Bugün 57. Alay'ın tamamına yakınını kaybettik."

Mustafa Kemal'in ve Nuri'nin gözleri doldu. Her gün gencecik askerleri kaybediyorlardı ki, buna dayanmakta artık çok zorlanıyorlardı.

"Peki bugün, ya düşman duraklamasaydı ve üzerimize yürümeye devam etseydi, ne yapacaktık?"

"Hiiç, çok basit! Biz de bugün şehit düşen binlerce asker arasında olacaktık. Savaş budur Nuri. Okuldaki derslerimizi hatırla. Clausewitz ne diyordu? 'Savaş büyük bir belirsizlik alanıdır. Gerçeği sezgiyle bulup çıkarmak...'"

Nuri, Mustafa Kemal'i tamamladı.

"'... gerekir. Ve her savaşta, işin derinliğine etki eden bir zekâya ihtiyaç vardır.' Galiba Clausewitz seni anlatmış. Bugün savaşın kaderini sen değiştirdin."

Mustafa Kemal o gün ilk kez güldü.

"Bırak abartmayı Nuri... Off!"

"Çok acıyor, değil mi? Doktoru çağırayım hemen."

Mustafa Kemal gömleğini çıkardı. Kalbinin tam üzerinde, mosmor bir çürük vardı.

İşte bu, Yarbay Mustafa Kemal'in tarih sahnesine ilk çıktığı andı. Askeri dehasını ilk kez Çanakkale Savaşı'nda göstermişti. Bütün kararlarında ve tahminlerinde haklı çıkmış, kumandanların dikkatini çekmişti.

Çanakkale Zaferi'nden sonra Mustafa Kemal albaylığa terfi edip "paşa" oldu. Benim rütbem onunki kadar yüksek değildi. Beni yaveri olarak yanına almak istediğinde öyle çok sevindim ki, hemen kabul ettim. Onun yaveri olmak, hep yanı başında olmak demekti.

O günden sonra ona hep "paşam" diye hitap ettim. Hiç "Mustafa" demedim.

Muzafferim, Çanakkale'deki başarısından sonra
Mustafa Kemal Paşa, Suriye Cephesi'ne gönderildi.
Paşamın nasıl bir lider olduğunu
daha iyi anlaman için burada tuttuğu defterinden
birkaç satırı seninle paylaşmak isterim.
Bu satırlarda ileride hayalini kurduğu toplum için
yapılması gerekenler yazıyordu.

1. Egemen ve güçlü analar yetiştirmek.
2. Kadınlara özgürce yaşama hakkı sağlamak.
3. Karşılıklı sevginin gereği olarak, kadınlarla
bir arada, ortak yaşamak...

Sen de ileride büyüyüp bir eş ve bir baba olduğunda,
bu ilkelerden hiç sapma.

1919, İSTANBUL

Mondros Ateşkes Antlaşması'nın ardından Mustafa Kemal Paşa İstanbul'a döndü. Sultan Vahdettin'le yaptığı bir görüşmeden hemen sonra akşam vakti annesini ziyaret etti. Ona bir sırrını açacaktı.

"Yapma etme, gitme oğlum," dedi Zübeyde Anne, "bugüne kadar hep hayatını tehlikeye attın. Yüreğim dayanmıyor artık."

"Anne, birileri çıkıp bunu yapmazsa, zaten hepimiz ölüme mahkûmuz demektir. Selanik'i nasıl kaybettiğimizi hatırlasana. Bak, görmüyor musun, İstanbul da düşman işgali altında. Yarın buradan da kaçmak ister misin? Anadolu'yu bile paylaştılar. İngiltere, Fransa, İtalya bize hayat hakkı tanımıyor. Dün Yunan ordusunu İzmir'e çıkardılar bile. Güzel İzmir de gidiyor elden. Orada da durmayacaklar, Anadolu'yu da alacaklar elimizden. O zaman nerede yaşayacağız? Nereye kaçacağız?"

"Allah korusun oğlum, kaçacak yer kalmadı artık."

"İşte bunun için geçeceğiz Anadolu'ya! Bir isyan başlatacağız!"

"Ne? Padişah efendimiz göndermiyor muydu seni?"

"Görünüşte öyle ama padişah artık yabancıların elinde. Ülkemizi onlara teslim ediyor."

"Aman Mustafam o nasıl söz! Koskoca padişah efendimiz, halifemiz yapmaz. Hem ona karşı çıkarsan, idam ederler seni."

"Merak etme, başaracağız anne. Üzme kendini. Göreceksin her şey düzelecek."

"Allah yardımcınız olsun evladım."

Mustafa Kemal Paşa annesine son kez sarıldı ve yıllar sürecek ayrılık bir kez daha başladı.

Zübeyde Anne'nin yüreği her gün
biraz daha ferahlayacaktı çünkü Sarı Paşası ve
arkadaşları padişahın kara listesine girse de
halkın desteğini kazanacaklardı.
Hatta birkaç yıl sonra, Zübeyde Anne,
artık bir liderin annesi olmanın verdiği bilinçle,
"Kazanmadan dönme!" diyecekti biricik oğluna.
Mustafa Kemal, 19 Mayıs 1919'da,
38 yaşında Samsun'a hareket etti
ve böylece kurtuluş mücadelesini
başlatmış oldu.

1919, ANADOLU

Mustafa Kemal Paşa o gün, arkadaşlarıyla birlikte, üstü açık bir arabayla Erzurum'a gidiyordu. Anadolu'nun yamru yumru yollarında zorlukla ilerleyen eski otomobil, bir dağın yamacında birkaç kez hırladı ve durdu.

Mustafa Kemal telaşlanıp sürücüye, "Hay aksi. Yine durdu. Bu araba bizi Erzurum'a ulaştıramayacak galiba. Ne diyorsun?" diye sordu.

Sürücü, "Kusura bakma paşam, bu hurda çok eski ama biraz dinlenin, ben hallederim," dedikten sonra arabanın kaputunu açıp motoru tamir etmeye başladı. Mustafa Kemal ve yanındakiler de otomobilden indiler. Bir tarlanın yanında duruyorlardı.

Tarlada çalışan köylüyle sohbet etmek isteyen Mustafa Kemal, "Selamünaleyküm," dedi. Köylü de, "Aleykümselam," diye karşılık verdi ama Mustafa Kemal'le pek ilgilenmediği sesinden belliydi.

Mustafa Kemal köylüyü yoklamak istedi. "Düşman yakında Samsun'a asker çıkaracak. Bakıyorum sen rahat rahat tarlanda çalışıyorsun."

Köylü kırış kırış olmuş kederli yüzüyle ona baktı. "Paşa, paşa sen ne diyon! Biz üç gardaştık, iki de oğlum vardı. Yemen'de, Kafkasya'da, Çanakkale'de... hepsi bir bir göçüp gitti. Bir ben kaldım. Evde sekiz öksüz, üç dul var. Hepsi benim elime bakar. Şimdi benim vatanım da yurdum da nah şu tarla. Düşman buraya gelinceye kadar benden sana fayda yok."

Bu sözler Mustafa Kemal'i öyle sarstı ki, tek bir söz söyleyemedi. Çünkü köylü haklıydı, Anadolu halkı on yıl boyunca dokuz ayrı cephede savaşmaktan yorgun düşmüştü

Otomobil çalıştırılıp yola çıkıldığında, Mustafa Kemal sessizliğini bozdu.

"İşte durum bu. Bütün Anadolu'nun hali böyle. Ama ne kadar zor da olsa, imkânsız da görünse, bu insanlardan bir ordu yapacağız, istilacı düşmana direneceğiz. Başka çaremiz yok."

Mustafa Kemal yurdun bu çaresiz haliyle karşılatıkça, savaş meydanlarındaki kan revan içindeki gençleri gördükçe, içindeki, savaşı bir an önce son-

landırma isteği daha da büyüyor, bir daha savaş-
mamak üzere modern, çağdaş bir ülke kurma azmi
gittikçe alevleniyordu.

Bir gün Nuri'yle yüzlerce şehit düşmüş askerin
arasında dolaşırken, üzüntüyle yutkunarak şöyle
dedi:

"Şu hale bak Nuri, bu bir insanlık dramı. Bu ka-
dar genç insanın ölmesi bir trajedi. Eğer vatan sa-
vunması için şart değilse her savaş bir cinayettir."

Nuri şaşırmıştı.

"Herhalde dünya tarihinde hiçbir komutan böyle
bir cümle söylememiştir."

"Söylemese de bu, her saldırı savaşının bir cina-
yet olduğu gerçeğini değiştirmez."

Cephedeki acı tabloya daha fazla dayanamayan
Mustafa Kemal başını yukarı çevirdi, tıpkı
babasının cenazesindeki gibi uzun uzun gökyüzünü
seyretti. Kim bilir babasına yine ne sözler veriyordu.
Nuri, orada durup arkadaşına bakarken on yıl
önce, henüz çok genç bir subayken İttihat ve
Terakki toplantısında söyledikleri aklına geldi.
"Subaylar ya orduyu ya siyaseti seçmelidir.
Siyaset yapacak olan askerler üniformalarını
çıkarmalıdırlar. Orduda kalanlar ise
siyasetle ilişkilerini kesmelidirler."
Onun cephelerdeki görevi, halkın düşmanlardan
kurtuluşuyla bitecek ve siyasi görevi başlayacaktı.
Üniformasını çıkarmasına az kalmıştı.

1919, ERZURUM

Mustafa Kemal Paşa Erzurum'a geldiğinde onu kötü bir sürpriz bekliyordu. Böbrek ağrıları başlamıştı. Erzurum'da çok az eşyanın olduğu bir odada, basit bir yatakta uyuyor ve çok acı çekiyordu. Yaveri Cevat Abbas arada sırada, acısını azaltsın diye, yokluktan sıcak tuğla getirip sırtına koyuyordu.

"Off tam zamanını buldu bu hastalık!"

"Böbrek sancısı hiçbir şeye benzemez derler. İnsana yorganları paralatırmış."

Mustafa Kemal Paşa halsiz bir tavırla gülerken birden giren sancıyla yüzünü buruşturdu.

"Bu yorgan bile ödünç alındı bre Cevat, nasıl paralarım?"

"Paşam sizin gerçek bir tedaviye ihtiyacınız var, bir hastanede yatmalısınız."

"Güldürme beni Cevat. Hiç halim yok. Bunca

işin arasında nasıl hastaneye giderim?"

Tam bu sırada emir subayı telaşla içeri girdi.

"Sizi hemen telgrafhaneye çağırıyorlar paşam. Harbiye nazırı sizinle telgraf başında konuşacaklarmış."

Mustafa Kemal Paşa telaşla kalktı, ter içindeydi, üniformasını aldı, ayakta sallanarak giyinip aceleyle telgrafhaneye gitti.

Harbiye nazırı yani ülkedeki savaş durumlarından sorumlu olan bakan Mustafa Kemal'e, padişahın onun derhal İstanbul'a dönmesini emrettiğini söyledi. Fakat Mustafa Kemal, İngiliz işgal kuvvetlerinin baskısıyla verildiğini bildiği bu emre itaat etmedi. Nazıra "Ben İngilizlerden emir almam," diye cevap yazdı.

Nazır, "Padişah emrine karşı geliyorsun. Bu bir savaş suçudur paşa," deyince, Mustafa Kemal'in cevabı yine aynı kararlılıkta yükseldi.

"Paşa yok artık nazır hazretleri, sadece Mustafa Kemal var!"

Mustafa Kemal Milli Mücadele'ye devam edebilmek için ordudaki bütün görevlerinden istifa etmiş ve böylece asi durumuna düşmüştü.

Cevat Abbas biten haberleşmenin ardından güçlükle yürüyerek telgrafhaneden çıkmaya çalışan

Mustafa Kemal'e destek olmak istedi ama o kabul etmedi. Sancılar içindeki yürüyüşünde onun bütün karakteri ve kararlılığı saklıydı.

Sonunda Cevat Abbas dayanamayarak yalvarmaya başladı.

"Kusura bakmayın haddimi aşıyorum ama bu bir intihardır paşam. Şimdi kolorduya talimat gider ve Kâzım Karabekir Paşa da sizi gözünü kırpmadan tutuklar."

"Kâzım Paşa beni bu şehre davet eden insandır. Öyle bir şey yapmaz."

"Ama o zaman paşa unvanınız vardı, şimdi yok, padişaha karşı gelmiş durumdasınız."

"Cevat, bazen insan sonunda ölüm bile olsa inandığı şeyi yapar. Bu yolun geri dönüşü yoktur. Çok sancım var, bir de sen uğraştırma beni."

Mustafa Kemal acıyla aynanın karşısına geçti; giyinmek için değil, yıllardır üzerinde onurla taşıdığı bu üniformayı bir daha giymemek üzere çıkarmak için.

Bu sırada Cevat Abbas getirdiği sivil giysileri ona uzattı.

"Bunları da nerden buldun?"

"Memurlardan rica ettim paşam. Para yok ki satın alalım. Vali bey de ceketini verdi."

"Sağ olsunlar. Cevat, beni iyi dinle. Bu yolculukta bana bir şey olursa, Salih'i bul. Unutmasın, annem ve kız kardeşim ona emanettir, onlara göz kulak olmayı ihmal etmesin."

Cevat ile Mustafa Kemal konuşurlarken, emir subayı telaşla içeri girdi.

"Kafkas Kolordusu Komutanı Kâzım Karabekir Paşa bir bölük askerle geldiler efendim."

Mustafa Kemal sakin görünüyordu ama içten içe endişeliydi. Kâzım Karabekir onu tutuklamaya kalkarsa ne yapardı, henüz bilmiyordu.

Kâzım Karabekir Paşa kapıyı sertçe açarak içeri girdi. Siyah bıyıkları, çizmeleri ve üniformasıyla oldukça heybetli hatta korkutucu bir görüntüsü vardı. Karşısında ise hastalıklı haliyle zayıf düşmüş, biraz önce paşalıktan istifa etmiş Mustafa Kemal vardı.

Uzun süre sessizce birbirlerini süzdüler. Havada elle tutulacak kadar belirgin bir gerginlik vardı. Sessizliği Kâzım Karabekir bozdu.

"Kolordum ve ben, Milli Mücadelemizde emrinizdeyiz paşam."

Topuklarını birbirine vurarak sert bir asker selamı verdi. Mustafa Kemal de selamına karşılık verince, iki general birbirlerine sarıldı. Kâzım Karabekir hiçbir söz söylemeden hızla dışarı çıktı.

Bu general, az önce söylediği tek bir cümleyle bütün mücadeleyi özetlemiş ve el ele vatanı kurtaracaklarının müjdesini vermişti.

Mustafa Kemal Cevat'a dönüp gülümsedi.

"Ben sana dememiş miydim, o dürüst bir adamdır, sözünden dönmez, diye. Artık bizi hiçbir kuvvet durduramaz. Haydi arkadaşları topla!"

Erzurum'da birkaç gün sonra, Süreyya ve Mazhar Müfit beylerle bir akşam yemeği yenmişti. Mustafa Kemal düşünceliydi, sonra yüzünde muzip bir gülümseme belirdi.

"Mazhar, not defterin yanında mı?"

"Evet paşam."

"Şimdiden sizi uyarıyorum arkadaşlar, biraz sonra duyacaklarınıza inanamayacaksınız. Yalnız Mazhar, bu deftere yazacaklarını başka hiç kimseye göstermeyeceksin. Sadece biz bileceğiz."

"Emredersiniz paşam."

"Öyleyse önce tarihi yaz."

Mazhar Müfit şaşkın şaşkın defterine "8 Temmuz 1919" yazdı.

"Pekâlâ, başlayalım. Zaferden sonra hükümet biçimi cumhuriyet olacaktır. Bu biiiir. Padişah ve hanedanı hakkında zamanı gelince gereken işlem yapılacaktır. Bu ikiiii..."

Mazhar Bey de Süreyya Bey de duyduklarına inanamıyor, dehşet içinde Mustafa Kemal'e bakıyorlardı. Mustafa Kemal ise arkadaşlarının haline gülüyor, sakin sakin konuşmaya devam ediyordu.

"Kadınlarda çarşaf kalkacaktır, bu üüüç. Erkeklerde de fes kalkacak, uygar milletler gibi şapka giyilecektir, bu dööört."

Bunu duyar duymaz Mazhar Müfit'in elindeki kalem yere düştü.

"Neden tereddüt ediyorsunuz?"

"Darılmayın paşam ama sizin çok hayalci bir tarafınız var."

"Bunu zaman gösterecek, sen yaz. Latin harfleri kabul edilecektir, bu beeeşşş."

Bu kez Süreyya Bey atıldı.

"Paşam yeter, daha fazlasını kalbim götürmüyor. Gerçekten bunların olacağına inanıyor musunuz?"

"Hiç şüpheniz olmasın. Bütün mesele, insanları yeni fikirlere ikna etmektedir."

"Keşke paşalığınız devam etseydi."

"Hayır hayır, böylesi daha iyi oldu. Ben askeri bir diktatörlük kurmak peşinde değilim. Okuldan beri askerin siyasete karışmasına karşı çıktığımı bilirsin. Şimdi burada ilk kongreyi topluyoruz. Daha sonra Ankara'da millet meclisi kuracağız. Milletvekilleriyle her şeyi tartışacağız. Hepimizin üzerinde meclis yer alacak. Ordu ve başkomutanlık da onun emirlerine bağlı kalacak."

"Benim aklım bu kadarını almıyor, aynı fikirde olsak da bunların bu kadar çabuk yapılabileceğine inanmıyorum. Sizin aceleciliğiniz, beni dehşete düşüyor."

"Düşme düşme. Beni bilirsin, ben hayalci değil gerçekçiyimdir. Hem inancım nereden geliyor biliyor musun?"

"Nereden geliyor paşam?"

"Dünyanın şu anki durumundan elbette. Bizim fikirlerimiz dünyanın gidişine uygundur. Bak imparatorluklar, krallıklar yıkılıyor, yerlerine cumhuriyetler kuruluyor. Unutma, zamanı gelen fikirler geri çevrilemez."

Mustafa Kemal Erzurum ve Sivas'ın
ardından 1919'un son günlerinde Ankara'ya ulaştı.
Ankara halkı onu büyük bir coşkuyla karşıladı.
Kurtuluşun lideri hemen Ziraat Mektebi'nde
karargâh kurdu. Milli Mücadele
tüm hızıyla devam diyordu.

1920, ANKARA

Beklenen idam kararı çok geçmeden 11 Mayıs 1920'de çıktı ve bütün askeri birliklere gönderildi. Mustafa Kemal yakalandığı an öldürülecekti. Onun artık ne ordusu ne de askeri vardı.

O sıralar her şeyin bittiğini düşünmeye başlamıştım. Ama Mustafa Kemal durmaksızın yoluna devam ediyor, bizlerin bir an bile umutsuzluğa kapılmasına izin vermiyordu. Fikirlerini yakın bulduğu herkesi Anadolu'ya çağırıyor, dikkatli hareket etmemiz için gizli emirler veriyordu.

Onun ordusu, yurdunun kurtuluşunu isteyen, kadınıyla erkeğiyle, genciyle yaşlısıyla tüm halktı. Ona şefkatle kucak açan halkıyla birlikte yepyeni bir devlet kuruyordu.

Topraklarımız hâlâ yabancı devletler tarafından işgal altında olmasına rağmen ve çevresinde pek çok kişi yeni bir ordu kurmasını önerirken onun söylediği tek bir cümle vardı.

"Önce meclis, sonra ordu! Ben mucizeyi meclisten beklerim, ordudan değil."

O hiçbir zaman acele karar vermiyor, heyecandan doğan bir taşkınlıkla bir işe kalkışmıyordu. Kararlarını uzun süre düşünüp aldığını biz çevresindekiler hep sonradan fark ediyorduk. Onun ileride de övgülerden başı dönmeyecek, mantığını asla bir kenara bırakmayacak ve kalbi hep vatan sevgisiyle atacaktı.

Mustafa Kemal çok geçmeden dediğini yaptı. Milletvekillerini Ankara'ya topladı, sivil bir meclis oluşturdu ve tam üç ay önce üzerinde Fransız Bayrağı dalgalanan bir binada 23 Nisan 1920'de, görkemli bir meclis açılışı yaptı. Artık yeni bir devletin yeni bir meclisi vardı. Bu meclisin ilk başkanı da oybirliğiyle Mustafa Kemal seçildi.

Fakat yine de her günümüz tetikte geçiyordu, özellikle geceleri korkumuz daha da artardı. En az uyuyan hep Mustafa Kemal olurdu. Çünkü düşmanlar her an kaldığı eve saldırabilir, onu öldürmeye çalışabilirdi. Onu koruyacak asker sayısı çok azdı. Paşamız o kadar korunaksız bir kahramandı ki, bizler yıllar sonra bile hâlâ o günleri nasıl atlatabildiğimizi düşünür dururuz.

Mustafa Kemal meclisi açtıktan sonra, hızla bakanlar kurulu oluşturdu. Artık sıra bir ordu kurmakta ve tüm düşmanı ülkeden kovmaktaydı. "Hasta Adam" denilen Anadolu yavaş yavaş iyileşiyor ve ayağa kalkıyordu.

Bu sırada Mustafa Kemal Çankaya'da kendisine armağan edilen harap bir bağ evine geçti. İçerisi eski püskü eşyalarla doluydu.

İstanbul'dan gelen, Ragıp Bey'in yeğeni Fikriye evi derleyip toparladı ve burayı gerçek bir yuvaya dönüştürdü. Bizler de böylece, yıllardır cephelerde geçen hayatımızda hep eksikliğini duyduğumuz ev sıcaklığını sonunda bulmuş olduk. Hep birlikte bu bağ evinde, siyasi ve askeri planlarımız üzerinde günlerce, gecelerce durmadan çalıştık.

İngiliz desteğiyle Anadolu'yu işgal eden
Yunan ordusu, top sesleri Ankara'dan duyulacak
kadar yakına gelmişti. Mustafa Kemal halkın
başkomutanı olarak tekrar cepheye dönmeye,
tüm halkı savaşa çağırmaya hazırlanıyordu.

1922, KOCATEPE, AFYON

Ustaca hazırlanmış planlar sayesinde Yunan kuvvetleri bütün cephelerde gerilemeye başladı. Her şeyini kaybetmiş denilen milletin ordusu zafer üstüne zafer kazanıyordu.

25 Ağustos'ta geceyi, cepheye yakın diye bir köy evinde geçirmiştik. Ertesi gün Büyük Taarruz başlayacaktı.

Köy evinde hiçbir şey bulunmadığı için Mustafa Kemal yerde bir tahtanın üstünde yatmıştı. Kaç gecedir gözüne uyku girmemişti. Başucunda okumakta olduğu *Çalıkuşu* romanı duruyordu. Yavaşça yanına yaklaşıp paltosunu üzerine örttüğüm sırada, bir emir subayı yanıma gelip, "Bir kurmay subay geldi, acele telgraf varmış," dedi.

Ben de hemen paşamı uyandırdım. Mustafa Kemal telgrafı alıp okumaya başladı. Sonra da,

"Telgrafta adı geçen yerleri harita üzerinde işaretleyip getirin," diye emir verdi.

Bir lambayı harita üzerinde gezdirip işaretli noktalara baktıktan sonra hepimize seslendi.

"Beyler düşman kuşatılmıştır. Düşman hatlarını bir noktadan yüklenerek yarmamız gerekiyordu. Bunun için orduyu, düşmanın keşif uçakları görmeden, geceleri yürüterek 200 kilometre kaydırdık. Artık en beklemedikleri yerden saldırıyoruz."

Mustafa Kemal sabaha karşı Kocatepe'den Afyon Ovası'na bakıyordu. Arkasında paşalar, subaylar, hepimiz dizilmiş, onu izliyorduk. Topçular topların başında bekliyor, kimseden ses çıkmıyordu. Herkes, sanki doğa bile, nefesini tutmuştu.

Fevzi Paşa Kuran okumaya başladı. Sonra bütün ordu ses çıkarmadan namaz kıldı.

Tan yeri ağarıyordu.

"Saat kaç?" diye sordu Mustafa Kemal.

"5.30" dediler.

Mustafa Kemal eliyle işaret verdi.

"Taarruz başlasın!"

Sabahın sessizliği, topların gökgürültüsünü andıran patlamalarıyla yarıldı.

Büyük Taarruz 30 Ağustos'ta sonlanmış,
Anadolu'dan düşman temizlenmişti. Şimdi sıra
İzmir'in Yunan işgalinden kurtulmasına gelmişti.
Zafer çok yakındı.

1922, İZMİR

On yıl önce Türkler Selanik'ten nasıl kaçtıysa, bu sefer de Rumlar İzmir'den öyle kaçıyorlardı. Evini kaybetmek ne demektir, bilen bilir oğlum. Her şeyin kayıp gider, elinde bir tek gözünü yaşartan türküler kalır.

İzmir'in kurtulduğu o geceyi sana anlatmama imkân yok oğlum. Bütün duygularımız şahlanmıştı. O gece konuk olduğumuz konağın salonunda oturup şiirler mi okumadık, hep bir ağızdan çocuklar gibi avaz avaz türküler mi söylemedik...

Ama bu coşku sürüp gidemedi çünkü canım İzmir'i yok eden o yangın başlayıverdi. Alevler ilk olarak Ermeni mahallesinde başladı. Hemen itfaiye harekete geçirilmek istendi ama itfaiyenin bütün su hortumları parçalanmış, delik deşik edilmişti.

O gecenin sabahı, savaşı kazanmış ordunun ardından Mustafa Kemal'i taşıyan bir otomobil ve dört atlı konvoyla birlikte İzmir'e girdik. Sokaklarda çarpışmalar hâlâ sürüyordu. Bazı evlerden dışarıya el bombaları atılıyordu. Bu yüzden otomobilde Mustafa Kemal hariç, hepimiz silahımızı çekmiştik.

Otomobilimiz Uşakizade köşküne geldiğinde, kapıda babaannesiyle bekleyen orta boylu, simsiyah gözlü, cıvıl cıvıl bir genç kız duruyordu. Bu kız Latife'ydi, bir yıl içinde Mustafa Kemal'in eşi olacaktı.

Latife bizi görünce hemen atıldı.

"İzmir'e gelişinizle Türk milleti muradına erdi. Evime şeref vermenizle de ben muradıma erdim. Hoş geldiniz paşam."

Yirmili yaşlarının başında olan bu genç kızın kendinden emin tavrı ve düzgün konuşması hepimizi, özellikle de Mustafa Kemal'i çok şaşırtmıştı. "Teşekkür ederiz," diyerek girdi içeri.

Latife cesur ve atak bir kızdı. Biz gelmeden önce valiliğe Mustafa Kemal ve arkadaşlarını konuk etmek istediğini onlarca kez bildirmiş, sonunda da amacına ulaşmıştı. Şimdi de sadece ev sahibi olarak kalmak istemiyordu. Mustafa Kemal'e yardım etmeyi kafasına koymuştu.

Latife birden konuk odasında oturan Mustafa Kemal'in karşısına çıktı.

"Paşam, ben Avrupa'da tahsil yaptım. Üç dil bilirim. Yazışmalarınızda seve seve size çevirmenlik yapabilirim."

Mustafa Kemal, "İngiliz Konsolosluğu'na, gemilerin limanı yirmi dört saat içinde terk etmelerini bildiren bir ultimatom yazabilir misiniz?" deyince, Latife kâğıt kalemi sevinçle eline aldı.

"Hem de büyük bir zevkle paşa hazretleri."

Mektup yazma işi bitince, köşkün terasına geçtiler. Mustafa Kemal ve Latife buradan alev alev yanan İzmir'e baktılar.

"İzmir'e girdiğimiz gün, 'Bu güzel şehri kurtarırken ona bir zarar verseydik çok yanardım,' demiştim. Ama şimdi görüyorum ki güzel İzmir gözlerimizin önünde çatır çatır yanıyor, hem de bizim elimize geçtikten sonra," dedi Mustafa Kemal, ardından da gözlerini alevlerden alarak Latife'ye çevirdi. "Yazık ki bu yanan evlerden birkaçı da sizin ailenizin değil mi hanımefendi?"

"Neyimiz var neyimiz yoksa yansın paşam. İsterse bütün İzmir yansın. Sizin emrinizde yeni bir İzmir yaratırız. Yeter ki siz başımızda olun. Yeter ki size bir şey olmasın."

Göğsü heyecanla inip kalken Latife İzmir'in alevlerinin yansıdığı âşık gözlerle Mustafa Kemal'e bakıyordu.

"Demek, bana bu kadar güveniyorsun ha?" dedi Mustafa Kemal.

"Ben kim oluyorum da size güvenim söz konusu oluyor. Gecelerce sizin şimdi durduğunuz yerde durur, körfezi dolduran yabancı gemilere bakıp ağlar, 'Gel Mustafa Kemal Paşam, gel' derdim."

Latife hıçkıra hıçkıra ağlamaya başladı. Mustafa Kemal Paşa duygulanarak elini onun omzuna koydu.

"Olmadı çocuk, olmadı. Ağlamak yok. Haydi sil bakalım gözlerini."

Biraz önce ağlayan gözler hemen sevinç ve umutla ışıldamaya başlamıştı.

Latife bir sabah, her zaman olduğu gibi yine pür neşe Mustafa Kemal'in odasına girdi. Önce kahvesini ikram etti, sonra kolunun altındaki gazeteleri açıp işaretlediği yerleri okumaya başladı.

"Yunanistan güç durumda. Kral öldü. Yunan ordusu tamamen bozguna uğradı. Hükümet düştü. Ülkede iç kargaşa var. Paşam madem Yunanistan bu durumda, zaferler kazanmış ordumuzla yürüyüp Selanik'i de alırsınız artık."

"Hayır Latife. Ben maceracı değilim. O iş tamamıyla kapandı artık. Şimdi savaş değil, barış zamanı. Hiç kimseyle savaşmayacağız. Yunanistan'la da, Balkan ülkeleriyle de barış antlaşmaları yapacağız. Haydi sen gazeteleri okumaya devam et."

"Peki... Bakın *Daily Mail* ne diyor: 'Makedonyalı Britanyalıyı yere serdi. Mustafa Kemal Gelibolu'da Winston Churchill'i yenmişti. Şimdi de Lloyd George'u yendi. Britanya hükümeti istifa etmek zorunda kaldı."

"Tamam tamam, sen her sabah bunları okuya okuya beni şımartacaksın. Çok alıştık buraya, Ankara'ya dönünce ne yapacağız acaba?"

"Çok basit paşa hazretleri, beni de Ankara'ya götürürsünüz, sorun çözülür."

Latife İzmir'de oturan zengin bir ailenin en büyük kızıydı. 1919'da Fransa'daki Sorbonne Üniversitesi'nde hukuk okurken, Yunanlılar İzmir'i işgal edince, ailesi de yanına gelmişti. Ama o, Mustafa Kemal'in ordusuyla gelip İzmir'i kurtaracağına emindi. Mustafa Kemal'i görmek için ailesini Fransa'da bırakıp, bu coşkulu günlerde İzmir'de olmak istemiş, dadısıyla evlerine geri dönmüştü. Tahminleri doğru çıkan Latife İzmir'e döndükten çok kısa bir süre sonra

Gazisini görme şerefine erişti ve onu ilk gördüğü gün boynundaki madalyonu gösterdi.

Bu madalyon iki yıldır boynundaydı. İçinde Mustafa Kemal'in resmi vardı. Onun Samsun'a çıkarak Milli Mücadele'yi başlattığı haberine yer veren bir Fransız gazetesinden kesmişti.

Mustafa Kemal, Latife'nin madalyonundan çok etkilendi. Hatta birkaç gün sonra, kurtuluş yılları boyunca ona halk mitingleriyle, yazılarıyla destek olan ve cepheyi yakından takip etmesi için çavuş rütbesi verdiği Halide Edip'e bu olaydan gururla bahsetti. Belki de çağdaş bir kadın olarak Halide'nin fikrini sormak istiyordu.

Bizler gibi Halide de, kurtuluş mücadelesinin ardından yapılacak toplumsal devrimlerde Mustafa Kemal'e modern bir eşin çok yakışacağını düşünüyordu.

"Ah Halide inanabiliyor musun, Latife boynunda benim resmim olan bir madalyon taşıyor. Yanıma geldi ve gösterip 'Bana kızdınız mı?' dedi. Ben de 'Niye kızayım ki?' diye cevap verdim."

Halide Edip, Mustafa Kemal'e bilgiç bilgiç gülümseyerek şöyle cevap verdi.

"Paşam, bu günlerde ülkemizdeki bütün kadınlar boyunlarında sizin fotoğrafınızı taşıyorlar."

İzmir'de kaldığımız üç hafta boyunca
Latife mükemmel ziyafetler düzenledi, misafirlere
piyanoda çağdaş eserler çaldı ve paşanın
yazılarını yabancı dillere çevirdi.
Artık, paşanın gözünde yaratmak istediği
modern Türkiye'yi ve geleceği temsil eden
kadın figürü haline gelmişti.

1922, ÇANKAYA, ANKARA

Son Osmanlı Padişahı Vahdettin de ülkeden ayrılmıştı. Artık Türkiye Büyük Millet Meclisi olarak barış antlaşmaları yapmanın zamanıydı. Fakat bu güzel günlerde Çankaya Köşkü'nde yaşayan Fikriye ileri derecede vereme yakalandı. Doktorlar hem kendisi hem de Mustafa Kemal için durumun çok tehlikeli olduğunu söylediler. Böylece Fikriye'nin tedavi için Münih'te bir sanatoryuma yatırılmasına karar verildi. Fikriye'nin gidişinden sonra Zübeyde Anne'nin de hastalıkları ağırlaşmaya, durumu kötüye gitmeye başladı.

Mustafa Kemal, Zübeyde Anne'nin odasına girdi.

"Nasıl oldun anacığım, bugün biraz daha iyi misin?"

"İyiyim çok şükür ama sen benim bir soruma cevap ver bakayım. İzmirli bir kızla evlenmek istermişsin."

"Ben de bundan bahsedecektim. Çok iyi yetişmiş, modern bir kız. Benim bu millete örnek gösterebileceğim bir eş."

"İyi ama evladım, gönlün ne diyor, sen ona bak önce. Neyse, niyetin ciddiyse ben gidip bir göreyim."

"Aman anne, sen hastasın, bu durumda yolculuk yapamazsın."

"Eski toprağım ben, bana bir şey olmaz."

Mustafa Kemal annesinin bu dayatması karşısında pes edip beni yanına çağırttı.

"Salih, annem Latife'yi görmekte çok ısrar ediyor. Bir tren hazırlatalım, sen de beraber git."

Canım oğlum, o İzmir gezisinde,
kendimi hiçbir zaman affetmeyeceğim ve
asla telafi edemeyeceğim bir olay yaşadım.

1922, İZMİR

Zübeyde Annemle İzmir'e vardığımızda, Latife Mustafa Kemal'i karşıladığı günden daha heyecanlıydı.

Zübeyde Anne, Latife'yi uzun uzun süzdü. "Kızımız çok güzelmiş Salih oğlum," deyince Latife, "Şımartıyorsunuz beni hanımefendi hazretleri, verin elinizi öpeyim," diye karşılık verdi. Saygıyla elini öptükten sonra da dayanamayıp, "Siz gerçekten Mustafa Kemal Paşa'nın annesisiniz," dedi.

Zübeyde Anne gülerek, "Anasıyım, anasıyım ama o bana değil ben ona benzerim," diye karşılık verdi.

Latife kendini beğendirmek için Zübeyde Anne'nin etrafında dört dönüyor, yaptığı müthiş hazırlıkları birer birer önüne seriyordu.

Bir süre sonra Zübeyde Anne'nin hastalığı iyice arttı. Doktorlar da artık bir fayda sağlayamıyorlardı. Bir gün Zübeyde Anne beni yanına çağırdı. "Bak Salih oğlum, sana önemli bir şey söyleyeceğim. Git oğluma söyle, bu işe aklım yatmamıştır. Bu kızcağız benim oğlumu sevmez, Mustafa Kemal Paşa'yı, Gazi Paşa'yı sever. Ama kendisi de bilmez benim oğlumu sevmediğini. O ister, otursun Çankaya'da, olsun büyük hanımefendi. Salih sana vasiyetimdir, söyle Mustafama, bu kızla evlenmesin. Mutsuz olmasın yavrum."

İşte paşam, annen yıllar önce bana böyle söylemişti. Ama ben bunu sakladım. Latife'yle çok mutlu olacağını düşündüğüm için bu sözleri sana hiçbir zaman söylemedim. Zübeyde Anne gerçeği görmüştü ama ben bunu senden sakladım. Bunu ancak şimdi itiraf ediyorum.

Bir süre sonra Zübeyde Anne'yi kaybettik. Bunu bir telgrafla Eskişehir yolundaki Mustafa Kemal'e bildirdiğimizde, daha okumadan ne olduğunu anladığını söylemişti. Önceki gece, annesini ve kendi çocukluğunu rüyasında görmüştü, yeşil kırlarda geziyorlardı ve bir sel aniden annesini alıp götürmüştü.

Mustafa Kemal acısını kalbine gömüp yola devam etti ve "Millet sağ olsun," dedi. Haftalar sonra İzmir'deki mezarını ziyaret ettiğinde ise şunları söyledi.

"Annemi kaybettiğim için şüphesiz ki çok üzgünüm. Ancak bir tesellim var. En büyük anamız olan vatan kurtulmuştur!"

Latife ve Mustafa Kemal çok geçmeden evlendiler. Artık savaşlar bitmişti, Mustafa Kemal'in yeni hedefi, bu yorgun ve fakir düşmüş halktan çağdaş bir toplum yaratmaktı.

1923, ANKARA

Çankaya Köşkü artık Latife'nin yönetimindeydi. Akşam sofralarına kimlerin çağırılacağı ve yemeğin kaçta biteceği gibi konulara da Latife karar vermek isteyince köşkte yaşanan gerilim arttı. Belli ki Latife eşinin sağlığından, yorulmasından endişeleniyordu ama Mustafa Kemal için sofra, sadece yemek yenilen bir yer değil, politika ve kültür konuşulan da bir yerdi. Fikirler, eylemler sofrada değerlendirilir ve planlanırdı. Hatta cumhuriyetin ilanı bile bu sofralardan birinde kararlaştırılacaktı.

1923'ün mart ayındaydık, akşam olmuş, Mustafa Kemal, ben, İsmet İnönü, Ali Fuat Cebesoy ve bir iki arkadaşımız daha yemek yiyiyor, müzik dinliyorduk. Paşam keyifle ve umutla konuşmaya başladı.

"Efendiler, hepimiz Osmanlı İmparatorluğu'nda doğduk. Ama artık padişah yok, böyle bir imparatorluk da kalmadı. Bu ülkeyi bizler idare edeceğiz ve idare şeklimiz... cumhuriyet olacaktır. Bu konuda hemen bir kanun teklifi hazırlayıp Meclis'e sunalım."

Hepimiz donup kalmıştık.

İsmet Paşa, "Meclis'te birçok padişah ve halife yanlısı var. Onlar muhakkak itiraz edeceklerdir," derken Ali Fuat Paşa da, "Ama bu imkânsız!" diye atıldı.

Hepimizin itirazlarını gülümseyerek dinleyen Mustafa Kemal, "Arkadaşlar merak etmeyin, başaracağız," diye karşılık verdi.

Aradan günler geçti, Mustafa Kemal arkadaşlarını birer birer, ülke için en iyi yönetim şeklinin cumhuriyet olduğuna ikna etti. Elbette hâlâ aynı fikirde olmayanlar vardı ama çoğunluk artık tamamıyla Mustafa Kemal'i destekliyordu. Hatta bazı din âlimleri, cumhuriyetin İslamiyet'e çok uygun bir yönetim şekli olduğunu söylüyor, din ve devlet işlerini ayırmak gerektiği konusunda Mustafa Kemal'in yanında olduklarını gösteren duyurular yapıyorlardı.

Mustafa Kemal, 28 Ekim akşamı verdiği bir yemekte Fuat ve İsmet'e dönüp, "Yarın cumhuriyeti ilan edeceğiz," dedi.

O anı çok iyi hatırlıyorum, hepimiz hem büyük bir sevinç yaşıyor hem de mecliste çıkabilecek tartışmalardan korkuyorduk.

Diğer konuklar gidince Mustafa Kemal, İsmet Paşa'yla birlikte oturup 1921'de hazırlanmış anayasa üzerinde bazı değişiklikler yaptı. Çok geç saatlere kadar çalışmışlar, ülkenin yönetim biçiminin cumhuriyet olacağından, cumhurbaşkanının yetkilerine kadar, her konunun üzerinden büyük bir hevesle geçmişlerdi.

Ertesi gün meclisteki uzun tartışmalardan sonra cumhuriyet ilan edildi.

Meclistekiler "Yaşasın cumhuriyet!" diye haykırıyor, bu neşeli tezahüratlara, Ankara Kalesi'nden 101 kere atılan top sesleri karışıyordu.

Altı yüz yıllık Osmanlı İmparatorluğu
o gün tarihe karıştı. Mustafa Kemal
cumhurbaşkanı, İsmet İnönü de başbakan seçildi.
Cumhuriyetin ilanından sonra halifelik kaldırıldı.
Artık devrimler ardı ardına geliyor,
asıl mücadele bundan sonra başlıyordu.
Canım oğlum, yüzlerce insanı bu yeniliklere
inandırabilecek çelik gibi bir iradeye ve onlarca
savaşta düşmanını yenecek üstün bir güce sahip
bu adamın, aynı zamanda ne kadar yumuşak bir
kalbi olduğunu da bilmeni isterim.

1924, ANKARA

Mustafa Kemal hayvanları öyle çok severdi ki, onun bu tutkusunu bilen bizler köşkteki atlarına ve köpeklerine özel ilgi gösterirdik. Gezilerinde, şerefine kurban kesildiği zaman bile bakamaz, başını çevirirdi.

Köpekleri onun en iyi dostlarıydı. Gittiği her yerde peşinde olurlardı. Hatta ilk köpeği Alp onunla birlikte sayısız savaşa katılmıştı. O toz dumanın, atılan topların, kurşunların, savaşan yüzlerce insanın ortasında bile sahibi Mustafa Kemal'in dibinden hiç ayrılmadığı hep anlatılırdı. Son köpeği Foks da Mustafa Kemal'i öyle çok severdi ki, akşamları hep ayakucunda uyur; bazen paşamız rahat etsin diye, Foks'u kandırıp dışarı çıkarmaya çalışır ama bir türlü beceremez, komik durumlara düşerdik.

Fakat bana öyle geliyor ki atların, Mustafa Kemal için yeri ayrıydı. Langaza'daki çiftlikten beri atlara hep hayrandı. Köpekleriyle olduğu gibi atlarının tüm bakımıyla da yakından ilgilenir, o kadar işinin arasında, en iyi şekilde bakılmaları için elinden ne geliyorsa yapardı.

Bir gün, birkaç arkadaşımızla Çankaya'daki köşkün bahçesinde oturuyorduk. İleriden köşkün veterinerinin telaşla geldiğini gördük. Adamcağız tedirgin tedirgin Mustafa Kemal'e dönüp söze girdi.

"Maalesef paşam, atınız ölüyor. Çok acı çektiği için vurmamız gerekiyor. İzin veriyor musunuz?"

Mustafa Kemal'in bir an gözleri doldu, yutkundu.

"Kurtulamayacaktı, zaten biliyordum ama o şimdi korkuyordur, onu teselli etmem, ölüme hazırlamam lazım," diyerek ayağa kalkınca veteriner atıldı.

"Aman paşa hazretleri, atınızın hastalığı bulaşıcı. Yaklaşmanız çok tehlikeli olabilir."

Bu sefer Mustafa Kemal'in kaşları çatıldı.

"O at bana ne kadar yakındı biliyor musunuz? Kaç savaşta beraberdik, yoldaş olmuştu bana."

"İyi ama..."

Mustafa Kemal veterinerin sözünün bitmesini beklemedi bile. Koşar adım köşkün ahırına gitti, biz de peşinden tabii.

Bembeyaz atı yerde yatıyordu.

Mustafa Kemal sessizce atının başına çöktü; yavaş yavaş başını, boynunu okşamaya başladı. Kulağına yaklaşıp fısıldadı.

"Şşşş, korkma oğlum, hiçbir şeyden korkma, şşş, sakin ol, bak yanındayım."

Gözleri buğulandı. Daha fazla dayanamayıp, başını çevirdi. Atıyla vedalaşmıştı. Veteriner görevini tamamladığında, Mustafa Kemal hâlâ atının başını okşuyordu.

Muzafferim, Mustafa Kemal'in izinde,
eşi benzeri olmayan mutluluklara tanık oldum.
Halkın, kurtarıcısına beslediği büyük sevgiyi görmek
inanılmazdı. Ama bu sevgi ve güven aynı zamanda
da büyük bir sorumluluk yüklüyordu liderinin
omuzlarına. Mustafa Kemal her konuda örnek
olmak istiyordu halkına. Bu yüzden de
kararlarını verirken hep kendinden
önce halkını düşünüyordu.

1925, ANKARA

Gazi bir gün yeni uyanmıştı. Latife eski günlerdeki gibi elinde bir fincan kahve ve gazetelerle yatak odasına girdi. Dergileri Mustafa Kemal'e gösterdi.

"Bak Kemal, *Time* dergisi seni kapak yapmış."

Mustafa Kemal dergiyi eline alıp karıştırırken Latife sözlerine devam etti.

"Seni, geri ortaçağ toplumundan modern bir devlet yarattığın için göklere çıkarıyorlar. Zaten övmeyen var mı? Eski düşmanların bile hakkında çok güzel sözler söylüyorlar. Ben en çok eski İngiltere başbakanına şaşırdım. 'Türkleri Orta Asya'ya sürmek lazım' diyen Lloyd George demiş ki, 'Birkaç yüzyılda bir dâhi yetişir, bu sefer maalesef Türklere nasip oldu.'"

Atatürk yarı gülümser, yarı hüzünlü bir ifadeyle Latife'nin sözünü kesti.

"Bırak bunları Latife. Beni herkesin söylediği sözler değil, senin davranışların ilgilendiriyor."

"Yine ne oldu ki?"

"Bazen konuklarımızın yanında beni utandırıyorsun."

"İyi ama her akşam soframıza oturan bu insanlardan bıktım."

"Onlar benim can yoldaşlarım."

"Normal bir evlilik böyle yürümez ama."

"Normal günlerde yaşamıyoruz ki Latife. Bir medeniyet kuruyoruz."

Günler geçtikçe Mustafa Kemal ve Latife arasında daha sık anlaşmazlıklar çıkmaya başladı. Bir akşam, ikisi arasında büyük bir tartışma yaşandı. Mustafa Kemal artık evliliklerinin yürümeyeceğini anlamıştı.

Ertesi gün beraber yola çıktık. Yozgat'a gidiyorduk. Mustafa Kemal'in üzüntüsünün farkında olduğumuzdan hiçbirimiz tek söz edemiyorduk.

Uzun bir aradan sonra bana dönüp "Derhal Latife'yi İzmir'e gönder ve boşanma hazırlıklarını yap!" dedi.

Biten evliliğinin ardından Mustafa Kemal kendini yıllardır hayalini kurduğu yeniliklere, devrimlerine adadı. Cumhuriyet bir bütündü ona göre. Sanatından tarımına, kullanılan harflerden giyilen kıyafetlere kadar, yepyeni bir Türkiye kurulmalıydı.

1926, ANKARA

Mustafa Kemal o dönemde çorak bir arazi satın aldı, arazi öyle kötü durumdaydı ki, hayvan leşleriyle ve sineklerle dolu olduğunu çok iyi hatırlıyorum. Burayı bir çiftlik haline getirmek istiyordu. Pek çok uzmanı bu iş için görevlendirdi ama uzmanlar onun böyle kötü bir toprağı ağaçlandırma ısrarına bir türlü anlam veremiyorlardı. Hatta burada arıcılık, tavukçuluk ve sütçülük de yapmak istediğini söyleyen Mustafa Kemal'i şaşkınlıkla dinliyorlardı.

Sonunda yabancı bir uzman Gazi'ye Ankara toprağının verimsiz ve kireçli olduğunu, burada tarım ya da ağaçlandırma yapılamayacağını, böyle bir çiftliği ancak İzmir gibi daha verimli ve sulak arazilerde kurabileceğini söyledi.

Mustafa Kemal uzmanı gülümseyerek dinleyip,

mühendislerden toprak örnekleri almaya devam etmelerini rica etti. Daha da şaşıran uzmanlar, neredeyse haftalarca her gün bu raporları Mustafa Kemal'e göstermeye devam ettiler. İşin garibi, raporlar olumsuz çıktıkça Mustafa Kemal sanki daha da memnun oluyordu.

Sonunda bir gün mühendislerden biri sordu.

"Bu olumsuz sonuçlardan neden bu kadar memnun oluyorsunuz paşam?"

"Hocam, verimli toprakta, elverişli koşulda herkes çiftlik kurar. Bense böyle kötü bir toprakta bile çiftlik kurulabileceğini bütün ülkeme gösterme derdindeyim."

Bu konuda öyle kararlıydı ki, bir başka ziraat mühendisimizden gelen, "Bu arazide hiçbir şey yetişmez, çalışmalar hemen durdurulmalıdır," raporuna karşı hepimize dönüp ciddiyetle, "Burası vatan toprağıdır, kaderine terk edilemez," dedi.

Aslında bu ısrarının arkasında gizli bir dayanağı vardı. Hayalci gibi görünen Mustafa Kemal her zamanki gibi aslında gerçekçiydi. Bizim göremediğimiz gerçekleri görüyordu sadece, bunu unutmuştuk.

Mustafa Kemal mühendislere raporlar hazırlatırken bir taraftan da yerli halkla konuşup kendisi bir araştırma yapmıştı. Küçük de olsa bir umut ışığını da, orada yaşayan bir köylüden yakalamıştı.

Köylü toprağa bir testi deneyi yapmıştı. İçi su dolu testiyi toprağa ters batırmış ve bir gün sonra toprağın suyu emdiğini Mustafa Kemal'e göstererek, "Sen sula yeter ki paşam," demişti.

Sonrasında Atatürk Orman Çiftliği adını alacak bu çiftlik çok kısa bir sürenin ardından eşsiz güzellikte ormanlık bir alana dönüşecek, görenleri hayrete düşürecekti.

Gazi savaşta olduğu gibi, barışta da halkından destek ve ilham alarak yürümeye devam ediyordu.

Mustafa Kemal yıllar önce hain ilan edildiği İstanbul'a, eski imparatorluk yatıyla ve coşkulu kutlamalarla 1927 yılında döndü. Dolmabahçe Sarayı'na adeta kendini kapattı ve üç ay sonra dev bir eserle halkın karşısına çıktı. Bazen iki gün boyunca gözünü kırpmadan çalışarak hazırladığına şahit olduğum Nutuk, Meclis'te tam altı günde okundu. Çağdaş Türkiye'nin yaratıcısı, kararlılıkla şekillendirdiği tarihi yine kendi yazmış ve Nutuk'u cumhuriyeti gençlere emanet ederek bitirmişti.

"Ey Türk gençliği! Birinci görevin Türk bağımsızlığını, Türk cumhuriyetini sonsuza kadar korumak ve savunmaktır."

1928, ANKARA

Zaman, gençlerin yetiştirilme zamanıydı artık. Eğitimin iyileştirilmesi, okuma yazma oranının çoğalması gerekiyordu. Çağdaş okullar artmalıydı, öğretmenler yetişmeliydi ve bunlar hızla yapılmalıydı.

Mustafa Kemal Paşa bir sabah kalktı ve devrimlerinde sıranın, yeni Türk harflerinin kabul edilmesine geldiğine karar verdi. Artık Türkçeyi Arap harfleriyle değil Latin harfleriyle öğretecekti halkına.

O dönemde Anadolu'nun yüzde üçü okuma yazma biliyordu. Bu felaket tabloyu değiştirecek, öğrenmesi çok daha kolay olan Latin harflerini tüm ülkenin eğitim programına sokacaktı.

Uzmanlara sordu.

"Böyle bir alfabe değişikliği kaç senede başarılır arkadaşlar?"

Her kafadan bir ses çıkıyordu. Bazı uzmanlar hatta İsmet Paşa bile tüm devlet işlerinin çıkmaza gireceğini, ülkede kaos olacağını söylüyorlardı. Yeni sisteme geçmek için 15 yıl gerektiğini iddia edenler bile vardı.

Sonunda dilbilimcilerden biri şöyle cevap verebildi.

"Paşam, bu değişim için, en az 5 yıllık bir geçiş süreci gerekir. Ancak bu kadar sürede tüm ülke yeni harfleri öğrenir ve kullanır hale gelebilir."

Mustafa Kemal her zamanki gülümseyişiyle cevap verdi.

"Üç ayınız var!"

Birkaç hafta sonra hepimize dönüp, "Bir öğretmen olarak yola çıkma vaktidir," dedi ve haftalarca ülkeyi gezdi. Daha önce bestelettiği Harfler Marşı'nı da söyleyerek yeni harfleri halkına bizzat kendi öğretmeye başladı.

O artık başkomutan değil başöğretmendi.

"Yeni Türk harflerini çabuk öğrenmek ve bütün yurttaşlara öğretmek, en önemli görevinizdir. Bunu yurdunu seven her kişinin yapması gerektiğini unutmayın, çünkü bir topluluğun yüzde doksanı okuma yazma bilmezse, bundan hepimizin utanması gerekir."

Bu öğüdü duyan binlerce öğretmen, okuma yazma bilmeyenlere yeni harflerle okuma-yazma öğretti.

Üç buçuk ayın sonunda artık halkın yüzde yirmi beşi yeni harflerle okuyup yazabiliyordu.

Mustafa Kemal yıllarca cephede
düşmana karşı savaştı. Padişahlığa ve
halifeliğe son verip laik cumhuriyeti kurdu.
Bu yönetim şekline karşı gelenlerin isyanlarını
bastırıp ülkenin ekonomik olarak büyümesi için
pek çok atılım yaptı. Çok partili seçim çalışmaları
başlattı, kültürel devrimlerini halka kendi tanıttı,
hatta pek çok kitap yazdı. Bir gün bile halkını
düşünmeden uykuya dalmadı.
Ama artık eskisi gibi değildi,
sürekli vatanı için atan kalbi yorgun düşüyordu.

1930, İSTANBUL

Mustafa Kemal'i açık havada, doğada olmak ve yüzmek çok mutlu eder, rahatlatırdı. İstanbul'a geldiği zamanlar Florya'da, sahil kenarında gezintilere çıkmayı çok severdi. Birlikte keyifli yürüyüşler yapardık, eski zamanlardan konuşurduk, bol bol gülerdik, çevredeki esnafla sohbet ederdik. Mustafa Kemal halkından uzak duran bir yönetici değildi, onlarla her fırsatta iç içe olmaya çalışırdı. Florya'da yüzerken özellikle gençler ve çocuklar hiç utanıp sıkılmadan yanına gelir, birlikte şakalaşır, saatlerce yüzerlerdi. Bir gün yatıyla Yalova açıklarından geçerken, sahil kenarında ulu bir çınar ağacı gördü ve yatını durdurup indi. Buraya çok küçük bir ev yapılmasını istedi. Ev hızla yapıldı ve kısa bir süre sonra Mustafa Kemal, kız kardeşi Makbule'yle evi ziyarete geldi. Bahçesinde dolaşırlarken evin bahçıvanı yanına yaklaştı...

Mustafa Kemal'i belki de doğada halkıyla olmaktan daha fazla mutlu eden tek bir şey vardı: manevi çocuklarıyla olmak. Çünkü kurduğumuz cumhuriyeti yaşatacak tek şeyin çocuklar olduğunu biliyordu.

Biz dostlarının çocuklarını da çok severdi. Hepsinin adlarını bilir, okul durumlarını sorar, hatta konuşmak isterdi. Kendi çocuğu olmamıştı, bunun onu üzdüğünü, birkaç kez ağzından kaçırdığı sözlerde fark etmiştim.

Bir davette bir arkadaşımızın genç oğlunu gördüğünde şöyle demişti.

"Demek ben de genç yaşta evlenebilseydim, benim de seninki kadar çocuğum olacaktı."

"Paşam bütün millet sizin çocuklarınızdır."

"Evet ben de bunda teselli buluyorum. Gerçi her işte bir hayır vardır. Bir gün yeni doğmuş bir tayım ölmüştü de günlerce kendime gelememiştim. Kim bilir çocuğuma bir şey olsa ne hallere düşerdim."

Mustafa Kemal çocuk sevgisini manevi çocuklarıyla gideriyor, hepsiyle tek tek ilgileniyordu. Bu ilgisini de, örnek olmak için halkına özellikle gösteriyordu. Belki de dünya üzerinde çocuklarla bu kadar ilgilenen tek liderdi.

O yıllarda, Amerika'nın başkanı Roosevelt, Mustafa Kemal'in çocuklarıyla çekilmiş bir filmini görmüş ve ona bundan dolayı övgü dolu bir mektup göndermişti.

Çocukları Abdurrahim, Afet, Nebile, Sabiha, Rukiye, Zehra, Mustafa ve Ülkü'nün örnek gençler olarak yetişmesi onun için çok önemliydi. Çağdaş bir toplumun ancak iyi eğitim gören ve yaratıcılıkları kısıtlanmayan çocuklarla oluşabileceğine inanıyordu.

Afet'in üstün akademik başarıları, Sabiha'nın dünyadaki ilk kadın savaş pilotu olması onu gururlandırıyor, gençlere yeteri kadar güvenilir ve destek verilirse başarılı sonuçlar alınacağına inanıyordu.

Selanikli bir aileden gelen Afet, 1925 yılında genç bir öğretmenken Mustafa Kemal'le tanışmış, manevi kızı olmayı büyük bir onurla kabul etmiş ve o andan itibaren Atatürk'ün son nefesine kadar hep yanında olmuştu. Afet hem ona Selanik'i hatırlatan hemşehrisi, hem dostu, hem kızı hem de kültürel devrimlerinin yoldaşıydı.

Küçük Ülkü ise dünya üzerinde istediği her şeyi, istediği zamanda Mustafa Kemal'e yaptırabilen tek

kişiydi. Üç yaşlarında saraya girip de "Atatürkü-
üüm nerdesiiin?" diye bağırınca, o koca Atatürk
neyle ilgileniyorsa ilgilensin bırakır ve onunla oy-
namaya koşardı.

Ülkü Mustafa Kemal'in kucağından inmez, özel
eşyalarını karıştırır, resmi belgelerin üzerine re-
simler çizer, yabancı üst düzey misafirlerin önünde
bile Mustafa Kemal'le oynar, dans ederdi. Mustafa
Kemal onun hiçbir isteğini geri çevirmez, hiçbir ya-
ramazlığına kızmazdı.

Mustafa Kemal o gün çok heyecanlıydı,
uzun zamandır onu böyle mutlu görmemiştik.
Birazdan "10. Yıl" konuşmasını yapacaktı.
Halkıyla birlikte kurduğu cumhuriyeti
onuncu yaşına getirmişti.

29 EKİM 1933, ANKARA

Cumhuriyetin 10. Yıl kutlamaları bütün ülkede ve özellikle Ankara'da çok coşkulu geçiyordu. Mustafa Kemal'in kısa ve etkili konuşması biz dinleyenleri çok duygulandırmıştı, sık sık alkışlarımızla, sevinçli haykırışlarımızla kesiliyordu.

...Kurtuluş Savaşı'na başladığımızın on beşinci yılındayız. Bugün cumhuriyetimizin onuncu yılını doldurduğu en büyük bayramdır. Kutlu olsun!

Sen de yanımdaydın Muzaffer, hatırlıyor musun? Annen kutlamaların şerefine sana beyazlar giydirmişti. Mustafa Kemal konuşmaya başlayınca ufacık elinle elime sarılmıştın. Kapkara gözlerini heyecanla açmış, "Babaa çok mutluyum," demiştin.

Kulağımda Mustafa Kemal'in sesi, gözlerimin önünde senin gülen yüzün, aklımdan hiç çıkmaz.

... Az zamanda çok ve büyük işler yaptık...

Tören alanı öyle güzel süslenmişti ki, bu süse tüm davetliler en güzel elbiselerini giyerek katılmıştı. Meydan çok kalabalıktı; askerler, milletvekilleri, pek çok ülkeden gelen davetliler, sanatçılar, gösteri yapan gençler ve halk büyük bir neşeyle atasının sözlerini dinliyordu.

...Fakat yaptıklarımızı asla yeterli göremeyiz; çünkü, daha çok ve daha büyük işler yapmak mecburiyetinde ve azmindeyiz...

Mustafa Kemal'in konuşması bitince 10. Yıl Marşı çalmaya başladı. Bu marş kısa bir süre sonra bütün ülkenin ezberine kazınacak ve beş yıl sonra Mustafa Kemal hasta yatağında yatarken, bu marşla az da olsa acılarını dindirecekti.

Mustafa Kemal henüz lisedeyken bizlere söylediği gibi, önce ülkesinde barışı ve huzuru sağladı, sonra da diğer ülkelere barış mesajları vermeye başladı.

Onun en büyük amacı "Yurtta barış, dünyada barış" ilkesine ulaşabilmekti. Bu yüzden cumhurbaşkanlığı süresince Rusya'dan Yunanistan'a, pek çok ülkeyle dostluk ilişkileri kurdu.

İran şahından, İngiliz kralına Japon veliahtından Mısır hıdivine kadar yüzlerce misafir ağırladı. Kurduğu modern cumhuriyeti herkese göstermek istiyordu.

Kısa sürede tüm dünyanın saygı duyduğu, dâhi bir lider olarak tanındı. Dünyaca ünlü bir başka dâhi Albert Einstein Atatürk'e yazdığı bir mektubu, "Sizin sadık hizmetkârınız olmaktan şeref duyarım," diye bitirmişti.

Amerikan başkanının bir söyleşisinde Mustafa Kemal hakkında söyledikleri onun kişiliğinin özetiydi sanki.

"O, sultanların bütün saraylarını ele geçirme ve çeşitli harem eğlencelerini yapma imkânına sahipken, halk arasında gezmeyi, gülmeyi ve eğlenmeyi, her şeyi halkıyla paylaşmayı seçmiştir."

Gerçekten de Mustafa Kemal öldüğünde Dolmabahçe Sarayı'nda kendisine ait sadece üç eşya tespit edildi; termometre, saat ve üzerindeki ağaçlara bakarak gözlerini yumduğu bir tablo.

Mustafa Kemal, 1934'te kabul edilen
Soyadı Kanunu'ndan sonra, kendisine verilen
soyadıyla anılmaya başladı. O halkının babasıydı,
Atatürk'tü. "Mustafa" olarak doğmuş,
"Kemal"le büyümüş, "Paşa"yla tanınmış,
"Gazi"yle lider olmuş ve sonunda
"Atatürk"le halkın atası kabul edilmişti.

1937, ANKARA

Atatürk'ün hastalığı gün geçtikçe ilerliyordu. Hepimiz onun üzerine titriyor, canı ne yemek isterse, nereye gitmeyi dilerse hemen yapmaya çalışıyorduk.

Güzel bir bahar gününde Mustafa Kemal, ben ve Afet arabayla Gazi Orman Çiftliği'ne doğru yola çıktık. Yıllar öncesinin, kimsenin bitki yetişeceğine ihtimal vermediği çorak toprakları meyve bahçesi haline gelmişti. Atatürk ağaçları, bitkileri, çiçekleri gördükçe bir bana bir Afet'e neşe içinde eliyle işaret ediyordu.

Tam o sırada birden şoföre "dur" dedi. Arabadan inip yol kenarına fidanlar diken bahçıvanlara sordu.

"Burada bir iğde ağacı vardı, o nerede?"

Adamlar utanıp birbirlerine baktılar. Kimse bu sorunun yanıtını bilmiyordu.

Atatürk çok kızmıştı çünkü çiftliğin ilk çorak günlerinin belki de tek yeşillik hatırası yok olmuştu. Yol boyunca yürüyerek iğde ağacını aradık. Çiftlik merkezine geldiğimizde bile o ağacı kimin söktüğünü sorup durdu. Kimse ağaca ne olduğunu bilmiyordu.

Sonradan hatırladım, bu ağaç yıllar önce önünde durup bir asker selamı verdiği ağaçtı. Yanındaki şaşıran kişilere, "Ağaçlar, sığındığım gölgeyi, soluduğum havayı, yediğim meyveyi sağlayan askerler gibidir, elbette selam vereceğim," demişti.

Çünkü o yeşilliğin hasretini, Kurtuluş Savaşı boyunca çok çekmişti ve çevresindeki herkesin doğanın ne kadar değerli olduğunu fark etmesini istiyordu.

Geziden sadece birkaç gün sonra Mustafa Kemal, 19 Mayıs kutlamalarına katılacak ve bu, halkının karşısında yaptığı son konuşma olacaktı

Mustafa Kemal Atatürk ömrünün
son aylarında gizlice saraydan kaçıp halkın
arasına karışmayı pek sever olmuştu.
Türk toplumunun modernleşmesini yakından
izlemek istiyordu. Bir de hastalığı ilerlediği için onu
fazlasıyla denetim altında tutmaya çalışan
biz dostlarından ve doktorlarından
kaçmaya çalışıyordu.

1938, İSTANBUL

Bir gece İstanbul valisi uykusundan apar topar uyandırıldı.

"Vali hazretleri, Atatürk'ü bulamıyoruz. Sarayın her yerini aradık. Galiba gizlice çıkıp gitmiş."

Uzun bir süre aradıktan sonra Atatürk'ü bulduk. Meğer, bir düğüne katılmış, sohbet ediyor, gülüyor, eğleniyormuş. Birden benim ve valinin de içinde olduğu bir grup görevlinin düğün mekânına doluştuğunu görünce keyfi kaçtı. Okulu kırarken yakalanmış bir çocuk gibi hem mahcup hem kızgın bizlere bakıyordu.

O gecenin bitmesini istemiyordu, orkestraya işaret etti, zeybek oynamak istiyordu. Belki de son kez...

Artık sağlığı buna el vermezdi. "Paşam çok yorulunuz, uygun görürseniz dönelim," desem de engelleyemedim.

Oynamaya başladığı an, büyük bir acıyla gözlerinde ölümü gördüm.

Yıllar önce hepimiz gencecik birer askerken, Selanik'teki gazinoda oynadığı zeybeği hatırladım. Yine öyle haşin bir kartal gibi kollarını açtı, kararlılıkla sertçe dizini yere vurdu. Belki de gözlerinin önünden o yıllar geçiyordu ama bu sefer burnundan bir damla kan damladı.

Atatürk'ün son dansını, pek çok kişinin gözü yaşlı izlediğini fark ettim. Parça bittiğinde yorgun ama gülen gözlerle davetlilere şöyle dedi.

"Sayenizde çok güzel bir gece geçirdim, hoşça kalın arkadaşlar."

Atatürkümüzün son yazının ilk günleri çok mutlu geçti. Çünkü uzun süredir beklediği Savarona yatı gelmişti. Bir çocuk gibi sevinmiş, hastalığı iyileşir gibi olmuştu fakat ne yazık ki bu yatta iki ay bile kalamayacaktı. Hatta bana bir ara hüzünlü gözlerle, "Bu yatı, bir çocuğun oyuncağını beklemesi gibi beklemiştim, meğer bana bir hastane olacakmış," diyecekti.

Hastalığı bir sonraki aşamaya geçince, onu Dolmabahçe Sarayı'ndaki Pembe Salon'a geçirdik. Halk

Atatürkünü bu hasta haliyle görmesin diye, taşınmayı akşam yaptık ve sarayın ışıklarını kapadık.

Artık yatağından kalkarken çok zorlanıyordu. Ben ne yapacağımı bilemiyor, İsmet İnönü'den bakanlara, farklı doktorlara kadar aklıma gelen herkese belki bir umut olur diye mektuplar yazıyordum.

Pembe Salon'dan küçük odaya alındığında ise artık komaya girmişti.

Yatağının tam karşısında "Dört Mevsim" adlı bir tablo asılıydı, gözlerini oraya diker, hayallere dalardı. Tablodaki orman ona Selanik'i hatırlatıyor, Selanikli olan dostlarına, "Haydi gidelim oralara," diyordu.

Bir gün Atatürk'ün doktorlarından biri bana,
"Arkadaşınızı hiç kıskanmadınız mı?" diye sordu.
Bir süre samimiyetle düşündüm ve
ona şöyle cevap verdim:
"Belki ilk zamanlar ben niye onun kadar
önemli olamıyorum diye düşünmüşümdür.
Ama sonra emin olun böyle bir duyguya
kapılmadım. Bu duygu şuna benziyor:
Ağrı Dağı'nı kıskanabilir misiniz?
Ya da gökten geçen bir bulutu?
Ya da denizi?
Mustafa Kemal'i kıskanmak,
işte o kadar akıldışı bir şey benim için."

29 EKİM 1938,
DOLMABAHÇE SARAYI, İSTANBUL

O gün cumhuriyetin 15. yıl kutlamaları yapılacaktı. Atatürk Ankara'ya gidip kutlamaları görmeyi çok istiyordu.

Öncesinde bize şöyle demişti: "Ankara'ya gidelim, ne olacaksa orada olsun." Ama bu imkânsızdı, doktorlar yataktan çıkmasına bile izin vermiyorlardı.

Ne yazık ki 29 Ekim günü hepimiz Atatürk'ün odasına toplanmış, onu oyalamanın yollarını arıyor, daha fazla üzülmesin diye şakalaşmaya çalışıyorduk.

Birden dışarıdan bazı sesler duyduk.

Cumhuriyet Bayramı kutlamalarından vapurla dönen Kuleli Askeri Lisesi öğrencileri, Dolmabahçe

Sarayı'nın önünden geçerken, hep bir ağızdan, "Atamızı görmek istiyoruz!" diye bağırıyorlardı.

Önce onları, Atatürk daha fazla üzülmesin diye uzaklaştırmaya çalıştık ama ne fayda. Gittikçe daha da coşkuyla bağırıyorlardı.

Atatürk de sesleri duymuştu, "Derhal beni kaldırın ve pencerenin yanına götürün," dedi. Ne kadar itiraz ettiksek de dinletemedik.

Sonunda pencerenin yanına bir koltuk yerleştirdik.

Öğrenciler Atatürk'ü pencerede görünce inanamadılar. Pek çoğu suya atlayarak Atatürk'ü daha yakından görmek için pencerenin altına kadar yüzdü.

Ardından da bir anda, sanki işaret verilmişçesine hep birlikte 10. Yıl Marşı'nı söylemeye başladılar.

O sırada, Dolmabahçe Sarayı'nın ön kapısında, günlerdir Atatürk'lerinden bir haber bekleyen halk da, öğrencilerin söylediği marşı duymuş olmalılar ki onlar da marşa büyük bir coşkuyla katıldılar.

Bizlerse ne yapacağımızı şaşırmış, gözyaşlarımızı tutmaya çalışıyorduk.

Tüm saray çınlıyordu.

Çıktık açık alınla, on yılda her savaştan
On yılda on beş milyon genç
Yarattık her yaşta
Başta bütün dünyanın saydığı başkumandan...

Atamıza baktım... ağlıyordu.

Sevgili Muzafferim,
İşte biz bir ömür, paşam ile bunları yaşadık.
O ne yaparsa yapsın, ben hep yanında oldum,
hep onu izledim. Şimdi de izlemeliyim çünkü
başka bir yaşam şekli bilmiyorum.
Belki şimdi verdiğim zor kararın nedenini
daha iyi anlıyorsundur, belki de beni anlaman için
biraz daha büyümelisin. Senden tek isteğim
ailemize iyi bakman ve çalışkan bir adam olup
ülkene hizmet etmendir.

Elveda Muzafferim.
Sevgilerimle,
Baban Salih Bozok

10 KASIM 1938,
DOLMABAHÇE SARAYI, İSTANBUL

Bir insanın ömrünü, bir halkın kurtuluş destanını bir mektuba sığdırabildim mi bilemiyorum ama artık son noktayı koymanın zamanı geldi.

Kalemimi yavaşça kâğıtların üzerine bıraktım. Masadan kalkarken gözlerimin önüne, onunla kan kardeşi olduğumuz gün geldi. İkimiz de çok küçüktük. Cebimden minik bir çakı çıkarmış, ikimizin parmağına batırmıştım. Ellerimizi birleştirirken, aynı anda, "Artık bizi ölüm bile ayıramaz," demiştik.

O güzel anıları aklımdan uzaklaştırmaya çalışırken aynalı konsola doğru yürüdüm. Aynadaki derbeder yansımamı gördüm.

Titreyen elimle yavaşça silahımı kavradım.

Tam o sırada dışarıdan bir koşuşturma ve haykırış sesi geldi. Bu oğlumun sesiydi, gelecek güzel günlerin sesi.

"Babaaa! Babaaaa! Dur, yapmaaa!"

Salih Bozok yaralı olarak hastaneye
kaldırıldı. 21 Nisan 1941 yılında öldü.

Atatürk, Salih Bozok,
Nuri Conker ve Fikriye Ankara'da,
Zübeyde Hanım İzmir'de yatıyorlar.
Hiçbiri Selanik'i tekrar göremedi.

Latife Hanım 1975 yılında
İstanbul'da vefat etti.

Yunanistan Başbakanı Venizelos
1934 yılında Atatürk'ü Nobel Barış Ödülü'ne
aday gösterdi.

GAZİ MUSTAFA KEMAL ATATÜRK VE
ARKADAŞLARININ KURDUĞU CUMHURİYET
BUGÜN 93 YAŞINDA.

Fotoğraf: Cem Talu

Romanları 34 dilde yayımlanan Ömer Zülfü Livaneli, 1946 yılında doğdu. Ankara'da Maarif Koleji'nde okudu, Stockholm'de felsefe ve müzik eğitimi gördü. Harvard ve Princeton gibi üniversitelerde konferanslar ve dersler veren, romanları, fikirleri ve müziği ile dünya basınında övgülerle karşılanan bir sanatçı olan Livaneli, edebiyat, müzik ve sinema alanlarında 30'dan fazla ulusal ve uluslararası ödül sahibi.

Livaneli, 1999 yılında San Remo'da En İyi Besteci ödülüne layık görüldü. Müzik eserleri Londra, Moskova, Berlin, Atina, İzmir senfoni orkestraları tarafından icra edildi.

Türkiye dışında Çin Halk Cumhuriyeti, İspanya, Kore ve Almanya'da da çok satanlar arasına giren romanlarıyla, Balkan Edebiyat Ödülü'ne, ABD'de Barnes and Noble Büyük Yazar Ödülü'ne, İtalya ve Fransa'da Yılın Kitabı Ödülü'ne, Türkiye'de ise Yunus Nadi Ödülü'ne ve Orhan Kemal Roman Ödülü'ne layık görüldü.

Livaneli, dünya kültür ve barışına yaptığı katkılardan ötürü 1996 yılında Paris'te UNESCO tarafından Büyükelçilikle onurlandırıldı ve Genel Direktör danışmanlığına atandı. 2002-2006 yılları arasında TBMM'de ve Avrupa Konseyi'nde milletvekilliği görevinde bulundu. 2014 yılında Fransa'nın Legion d'honneur nişanı ile ödüllendirildi.